Bernd Biermann/Richard Kähler/Lars Schruwe-Wulff

Das Lindenstraßen-Quiz

500 & 1
knifflige Fragen
von Fans für Fans

Illustriert von Michael Meier

Eichborn

DANKSAGUNG

Wir danken unseren Muttis,
ohne die wir nie so
spät und so lange
hätten Fernsehen dürfen
noch müssen.

Die Deutsche Bibliothek – CIP-Einheitsaufnahme

Biermann, Bernd:
Ewiges Rätsel Lindenstrasse : der schönste Zeitvertreib auf Erden – von Fans für Fans / Bernd Biermann ; Richard Kähler ; Lars Schruwe-Wulff. – Frankfurt am Main : Eichborn, 1993
ISBN 3-8218-2369-0

Umschlaggestaltung: Rüdiger Morgenweck unter Verwendung
einer Zeichnung von Michael Meier.
Gesamtherstellung: Fuldaer Verlagsanstalt GmbH.
ISBN 3-8218-2369-0
Verlagsverzeichnis schickt gern:
Eichborn Verlag, Kaiserstraße 66, D-60329 Frankfurt/Main.

»There is only one question:
Who shot Else Kling?«

(Sherlock Holmes, The Lime Tree Street-Mystery)

Inhalt

»WAS IST?«

Fans & Feinde, Kult & Schuld

Liebe Buch-in-der-Hand-Halterin,
lieber Buch-in-der-Hand-Halter.

Am 8. Dezember 1985 wurde die erste Folge der Fernsehserie »Lindenstraße« ausgestrahlt. Heute, an dem Tage, wo wir die fertigen Seiten, obwohl die Tinte noch nicht trocken ist, an den Verleger schicken, auf daß der ein Büchlein davon drucken läßt, damit es in Ihre Hand fällt (was ja offensichtlich geklappt hat), wird gerade die 396. Folge gesendet. Und ein Ende ist noch nicht abzusehen.

Was sagt uns das? Nun: die Lindenstraße ist mittlerweile im achten Jahr. Allerhand, nicht wahr? Und, was noch schlimmer ist, wir sind zwischendurch *auch* nicht jünger geworden. Genauso wie die Lindensträßler: Benny muß schon beide Hände zur Hilfe nehmen, um alle bisher getätigten Beischläfe an den Fingern abzuzählen, Klausi denkt täglich ans Rasieren und Iffi stündlich an die Periode ...

Doch was ist mit den treuen Fans? Was ist mit denen, die die bisherigen 200 Stunden Lindenstraßenleben brav angekuckt und in ihren Herzen, Hirnen und Hosen auf immer bewahrt haben? Wer kümmert sich um die? Wer interessiert sich dafür, welches deutsche Weihnachtslied Manoel mal auf spanisch sang (›*Stille Nacht, eilige Nacht*‹), welche beiden Typen sage und schreibe 750.000 Eier für eine feuchte Wiese einsackten (*Gottlieb Griese und Henny Schildknecht*) und wieso eigentlich die Haushälterin bei Dr. Dressler immer so komische Kniebundhosen an hat (*Weil die ›Haushälterin‹ Egon Kling heißt*)? Die Frage ist doch: Wohin mit all' diesem herrlich unnützen Lindenstraßen-Wissen? – Die Antwort ist: In dieses Buch.

Duzen wir uns mal kurz? Okay. Irgendwie sitzen wir schließlich alle in einem Boot: Wir haben *mehr* als nur Vergnügen an der wöchentlichen Lindenstraße. Wir sind schlicht süchtig. *Böse* süchtig. Und Lindenstraßensüchtige duzen sich. Also: Als Bernd & Lars & ich uns für die Idee, ein definitives Lindenstraßen-Quizbuch auf sechs Beine zu stellen, das erste Mal zusammensetzten, fielen uns auf Anhieb 38.547.843 absolut hochwichtige und grundrelevante Fragen aus dem bisherigen Lindenstraßen-Geschehen ein. Eine besser als die Andere. Welche also sollten wir nehmen? Die Eine? Oder besser die Andere?

So ging es jedenfalls nicht. Nach kurzem Kramen in der übervollen Erinnerungskiste war uns Dreien glasklar: Das ultimative Quizbuch über die Lindenstraße würde circa 14 Kilo dick, 231 m^3 groß und 4897 Doppelhektar schwer werden – und damit irgendwie untragbar. Darum haben wir für dieses Buch nur die 500 & 1 echt hochrelevantesten Fragen ausgewählt. Jetzt ist das Büchlein, das Du gerade in der Hand hältst, zwar immer noch knackvoll, aber sogar mit nur einer Hand zu halten (Was machst Du da eigentlich gerade mit der anderen?). Vor allen Dingen aber ist es eines: zu bezahlen, ohne daß es wehtut. Du hast das Buch doch bezahlt ... oder? Nadannissjagut!

»Pah! Die 501 allerbesten Fragen! Wie wollen die das denn überhaupt beurteilen? Der/die Einzige, der/die das beurteilen kann, bin doch wohl ich!« – Psssсht! Natürlich ist das Geschmackssache! Wie die ganze Lindenstraße überhaupt! Glücklicherweise haben wir aber alle Drei, wie sich bei ein paar Bieren herausstellte, einen mordsguten Geschmack und sind uns, was die Lindenstraße betrifft, total einig: Bernd liebt sie, Lars liebt & haßt sie zugleich, und ich finde die Lindenstraße einfach nur zum K- .... äh: zum Kugeln.

Mit anderen Worten: Wir sind echte ›Fans‹! Verrückte Fanatiker nämlich. Und weil Du dieses seltsame Buch immer noch in der Hand hältst, bist Du's wohl auch. Und dann denkst Du sicher wie wir: Der gigantische Erfolg der Lindenstraße ist mitnichten allein ein Verdienst ihrer Macher. Der Erfolg und der Ruhm dieser Serie basieren hauptsächlich auf der Tatsache, daß millionen junger & alter fernsehfähiger Deutscher mit durchaus sehr gesundem Menschenverstand ihre erst heimliche und später immer offensichtlichere Freude daran entwickelten, dieser herrlichen Schmonzette ihre ungeteilte Aufmerksamkeit & Liebe zu schenken. Kurz: Die Fans sind das wahre Geheimnis der Lindenstraße!

Bleibt für Nichteingeweihte nur noch die Frage, warum: »Warum in aller Welt haben diese Leute eigentlich so einen verdammten Sauspaß beim Ankucken dieser Serie?« – Dieses letzte Geheimnis enthüllen für unseren Geschmack sehr anschaulich Daniel Sandmann & Daniel F. Sturm in ihrem ›SSP‹-Schülerzeitungsartikel über das offizielle ›Lindenstraßen-Festival‹ im Sommer 1991 in Husum: Mit etlichen geladenen Lindenstraßen-Schauspielern und Hunderten von Fans fuhren sie gemeinsam im Bummelzug gen Norden, interviewten die ›Promis‹ an Bord und brachten im Gespräch mit Martin Rickelt (Franz Wittich) die wahre Lust am Lindenstraßen-Kucken auf den absoluten Kernpunkt: »Zufrieden war der den reaktionären Onkel von ›Mutter‹ Beimer spielende Schauspieler über Berichte vom Haß gegen Franz Wittich. Daniel Sturm konnte ihm erzählen, daß beim gemeinsamen Sehen der Lindenstraße während seiner Auftritte auch Kraftausdrücke wie ›das alte Arschloch‹ nie fehlen. Martin Rickelt fühlte sich bestätigt: ›Sehr schön.‹«

Genau: Das ist es! Und ist das vielleicht auch der Grund, warum wir Lindenstraßen-Fans einfach besser, schöner und verehrungswürdiger sind als alle Fans wovon auch immer auf dieser Erde? Diese unsere hemmungslos fröhliche Vollverehrung der Lindenstraßen-Geschehnisse bei gleichzeitig hochaktiver Kritikbereitschaft? – Vielleicht, wer weiß, sicher sogar.

Doch wir sind nicht nur auf dieser Erde, um Fragen zu stellen. Drum laßt uns jetzt welche beantworten: 500 & 1 Frage aus der Welt, die wir lieben! Weil *wir* nicht in ihr leben müssen . . .

Wir wünschen Euch viel Spaß an diesem Buch! Mindestens so viel, wie wir beim Machen bereits hatten.

Richard
(i.A. von Bernd & Lars)

»WAS WAR?«

Die Frage-Runde 1-25

1 Aufnahmeprüfung – Fan oder Nicht-Fan?

Ja: Fan oder Nichtfan? Das ist hier die Frage. Und wie lautet die Antwort? Paar Mal gekuckt... oder immer? Einfacher Fan oder Cräck? Lindenstraßen-Sympi oder echter Spezi? Egal: Hier kommen zwanzig Fragen von babyleicht bis bärenschwer. Ein Aufwärm-Potpourri einmal diagonal durch das gesamte Lindenstraßen-Universum aus viel Zeit und wenig Raum. Hüpf, Erinnerungshäschen, hüpf, quer durch fast vierhundert Folgen!
Ab 15 richtigen Antworten gilt man als ›Bestanden‹. Alle anderen Leser, die dieses Standard-Limit nicht erreichen und sich also offensichtlich irrtümlich in dieses Buch verirrt haben, müssen wir bitten, diese Seiten umgehend wieder zuzuklappen und das Buch zu verlassen. Wir wollen hier schließlich unter uns sein, nicht?...

1 Wie lautete der Titel der 1. Lindenstraßen-Folge?

2 Was machte Mutter Beimer in der Küche, wenn sie Kummer hatte?

3 Wer in der Lindenstraße heißt mit Vornamen Franz-Joseph?

4 Nur ein einziger Seitensprung und sofort schwanger geworden. Wessen bitteres Schicksal?

5 Wieso eigentlich war Isolde Pavarottis 1. Single ein Hit?

6 Und wie nannte sich noch die Band, bei der Benny Beimer die Schießbude bediente?

7 Eine Buslinie fährt durch die Lindenstraße. Ist es die Nr. 11, Nr. 22 oder die Nr. 33?

8 Die vier Zenker-Kinder Iffi, Walze, Timo & Jo heißen mit vollen furchtbaren Vornamen?

9 Mit wem hatte Franz Wittich eine sogenannte »Affäre«?

Lösungen 1. Runde

1 ›Herzlich Willkommen‹.

2 Spiegeleier, Spiegeleier, Spiegeleier.

3 ›Zorro‹ Pichelsteiner; von seinem Bruder auch ›Sepp‹ genannt, bzw. ›Seppl‹ oder am Besten doch gleich ›Deppl‹.

4 Gabi Zimmermann.

5 Weil Enrico durch Freunde alle Platten vom Markt kaufen ließ.

6 Die ›Minipigs‹.

7 Die 33 selbstmurmelnd.

8 Iphigenie, Valeria, Timotheus und Josua. Was hat dieser Taxifahrer in der Wartezeit eigentlich gelesen?

9 Mit Else Kling. Leider sind keine Kinder daraus hervorgegangen, aber man kann halt nicht immer Unglück haben in der Lindenstraße.

10 In welcher Stadt verlor der junge Student Hans Beimer sein Herz an seine spätere Helga?

11 Welches leider ziemlich unschicke Auto bewegte Carsten Flöter immer möglichst elegant durch die Lindenstraße?

12 Wieviel Geld bat Helga ihren Ex-Hansemann, für die Gründungsformalitäten ihres Reisebüros kurzzeitig für sie zu unterschlagen?

13 Isolde Pannowak lernt ihren Enrico auf einem Italien-Urlaub kennen, klar – aber wo genau?

14 Wer macht von seinem Zipperlein unüberhörbar wenig Aufhebens und sagt nur alle drei Sekunden, dahinten tue es »Höllisch weh!«?

15 Wer schneidet Hajo Scholz die Haare?

16 Was schenkt Onkel Franz »traditionsgemäß« seiner Helga zu Ostern?

17 Nur so ganz nebenbei: Welches Weißbier wird eigentlich im ›Akropolis‹ ausgeschenkt?

18 Und wie hieß der Skandal-Tennisverein von Stefan Nossek?

19 Bei den Skandal-Videoaufnahmen von der jungen Tanja Schildknecht handelte es sich nicht nur um ein Band, sondern gleich um eine ganze Kiste Kopien. Trotz einer heißen Vernichtungsaktion gibt es immer noch eine Cassette mit dem Corpus Nactus. Wer hat sie?

20 Und wohin, womit und warum fuhr Herr Franz Schildknecht am 31.12.1992?

10 Ja, genau: In Heidelberg. Und zwar im Wonnejahr 1966.

11 Einen VW-Käfer Nichtcabrio.

12 50.000 DM

13 Auf der Insel Ischia. Oder heißt sie ›Ischias‹?

14 Rosi ›Nervsäge‹ Koch.

15 Er selbst.

16 Ein »Mokka-Sahne-Ei«.

17 Franziskaner-Hefe-Weissbier

18 ›Concordia‹. Zusatzfrage: Und wie hieß der Präsident dieses Skandalvereins? ... A.Benninger, right.

19 Eine Kopie hat Tanja behalten.

20 Zum Leichenhaus im Leichenwagen, weil er tot war und ist.

2 Die Clans – Wer mit wem?

So mutig wie beim ersten Mal! Wir haben uns in eine unbekannte Welt gewagt: in die Lindenstraßenwelt. Plötzlich steht man als Fremder mitten in einem fremden Stamm. Wer sind Verwandte, wer nur Bekannte in dieser Straßenschlucht? Wer gehört zu wem? Wer hält zusammen wie Pichelsteiner & Schwafel? Man kennt das ja: Blut ist dicker als Rheinhessenwein. Zum Start unseres Fragen-Marathons also ein bißchen Familien- und Stammbaumhopping und – ... He, Sie! Sie lesen ja immer noch! Mit lausigen sechs Punkten aus der ersten Runde! ... Na gut. Könnt' Ihr wenigstens noch was lernen: Achtung! Fertig? Hopp!

1 Helga Beimer ist die Nichte von ... ?

2 Meike Schildknecht war die Enkelin von ... ?

3 Die Patin von Max ist ... ?

4 Der Adoptivvater von Manoel ist ... ?

5 Dr. Dressler ist der Stiefvater von ... ?

6 Carsten Flöter ist der Sohn von ... ?

7 Nina Winter ist die Mutter von ... ?

8 Der Halbbruder von Sarah Ziegler heißt ... ?

9 Der Stiefvater von Gabi Zenker ist ... ?

10 Otto Pichelsteiner ist ... ?

11 Gabi ist die Cousine von ... ?

12 Beate Sarikakis ist die Schwester von ... ?

Lösungen 2. Runde

1 ... Franz Wittich

2 ... Gottlieb Griese

3 ... Lydia Nolte

4 ... Gottlieb Griese

5 ... Beate

6 ... Elisabeth Dressler

7 ... Frank Dressler

8 ... Tom

9 ... Hubert Koch

10 ... der Bruder von Zorro

11 ... Anna Ziegler

12 ... Carsten Flöter

13 Die Tante von Anna Ziegler heißt ...?

14 Die Schwester von Vasily Sarikakis heißt ...?

15 Manoel und Iffi sind ...?

16 Keine Frage, wer wen ›Topolini‹, ›Bella gioia‹, ›Taube‹, ›Hansemann‹, ›Röschen‹ oder ›Hubertchen‹ nennt oder nannte. Doch ihren Manoel nannte Berta Griese stets ...?

17 Ihren Hajo hingegen kosenamt Berta Griese als ...?

19 Und wie wiederum nennt die Marwitz gußeisern die kleine Lisa Hoffmeister?

20 Gut. Doch welcher männliche Nachwuchswaschlappen aus der Lindenstraße nennt seine Anvisierte allen Ernstes »Meine süße, kleine Kneifzange«?

13 . . . Rosi Koch

14 . . . gar nicht. Vasily hat keine Schwester: No sister, no cry! No Bruder natürlich auch nicht.

15 . . . nur gute Bekannte, aber null Verwandte.

16 . . . ›Chico‹

17 . . . ›Nicki‹. Hajo Scholz hingegen nicknamed seine Berta zärtlich . . . ? ›Mein altes Rehlein‹.

19 ›Herzchen‹. Zickchen wär allerdings echt angebrachter.

20 Momo Sperling zu Iffi ›Mumu‹ Zenker.

3 Willkommen! – Wir betreten die Lindenstraße

Willkommen in der Lindenstraße! Die Lindenstraße hat alles, was eine echte künstliche Straße braucht: Kneipe und Supermarkt, Hausnummern und Hinterhöfe, Blumenbeete und echte Bäume mit angeklebten Blättern. Waren Sie schon einmal leibhaftig in der Lindenstraße? Nein? Egal: Es ist, als kommt man das erste Mal in die USA. Man biegt um die Ecke, und da liegt sie plötzlich: So vertraut und überraschungsfrei im Anblick wie ein drittklassiger, amerikanischer Spielfilm. Seltsam: Noch nie ist man dagewesen – und trotzdem kennt man sich in dieser Straße aus wie ein Taschendieb in fremden Hosentaschen. Oder?

1 Da liegt sie: Die Straße der Verrückten. Ziemlich klein für so viel Großes. Wie lang ist die Lindenstraße eigentlich?

2 Am Ende der Lindenstraße liegt ein Kino. Es heißt?

3 Wir stehen vor der Lindenstraße Nr. 7. Aber das ist doch . . . ?

4 Da kommt gerade ein Bus um die Ecke. Aber wo fährt er hin?

5 Oh, eine Telefonzelle! Sie ist postgelb. Stimmt?

6 Was befand sich bis Juli 1993 auf dem Dach der Nr. 3?

7 Ah, das Eingangstor zum Hinterhof. Es befindet sich natürlich im Haus Nr. . . .

8 Der Supermarkt. Hier arbeitete doch Ende 1988 eine vorbestrafte, männliche Aushilfskraft – aber wer?

9 Wieso riecht es plötzlich so nach altem Fett? Ach so, wir stehen vor dem ›Akropolis‹. Welche Hausnummer hat es eigentlich?

10 Im Lindenstraßen-Vorspann allerdings stehen nicht wir, sondern steht ein Fahrrad vor dem ›Akropolis‹. Ist das wahr oder nicht wahr?

Lösungen 3. Runde

1 150 Meter

2 ›Astor‹

3 ... Dr. Dresslers Villa, richtig.

4 Endstation ›Münchner Freiheit‹. Aber welches amtliche Kennzeichen trägt dieses einzige Fahrzeug dieser fiktiven Buslinie im Abspann? ... M-DZ 3796. Tja, das weiß man – oder das weiß man nicht.

5 Nur bis Mitte 1992. Jetzt ist es eine neue graupinkfarbene ›Designer‹-Telefonzelle, in der nur Designer telefonieren dürfen.

6 Eine nichtangemeldete Windenergieanlage.

7 Ebenfalls Nr. 3

8 Friedhelm Ziegler

9 Dieser bessere Imbiß liegt in der Lindenstraße Nr. 2.

10 Wahr

11 An der Außenwand des ›Akropolis‹ hängt ein
☐ Kaugummiautomat, ☐ Kondomautomat,
☐ Zigarettenautomat.

12 Wenn Sie bei einer Vergangenheitsreise durch die Lindenstraße plötzlich vor einem Buchladen stehen, der soeben Pleite macht, in welchem Jahr und welchem Monat befinden Sie sich dann?
☐ Dezember 1988, ☐ März 1989, ☐ September 1989?

13 Was ist heute an der Stelle zu sehen, an der einst ›Enricos Pizzeria‹ stand?

14 Und wer waren die beiden Vormieter des Pizzeria-Häuschens, und was für Geschäfte betrieben sie dort?

15 Der Lieferwagen des Lindenstraßen-Blumenwagens, grad fährt er vorbei, hat übrigens welche Farbe?

16 Und wo in der Lindenstraße liegt der Blumenladen?

17 Ah, die Kastanienstraße: ›Cafe Bayer‹, das Reisebüro, der Blumenladen . . . welche Hausnummer hat er übrigens?

18 Das Reisebüro. Bevor die Beimersche es in ›Ehrlich-Reisen‹ umtaufte, hieß es noch wie?

19 Und was ist auf dem ›Ehrlich-Reisen‹-Plakat zu sehen: eine Insel mit Palmen, ein Schiff oder ein Flugzeug?

20 Ah ja, und hier hing doch das Praxisschild vom bösen Rechtsanwalt. Er heißt?

Lösungen 3. Runde

11 Ein Zigarettenautomat

12 Dezember 1988

13 Eine kleine Anlage mit Blumen und Bänken.

14 Gottlieb Griese einen Kiosk und Robert Engel mit Co-Besitzerin Berta Griese eine Buchhandlung.

15 Grü-hün!

16 Nirgends. Er liegt um die Ecke in der Kastanienstraße.

17 Kastanienstraße 26

18 ›Universum-Reisen‹

19 Eine Insel mit Palmen.

20 Dr. Kirch. Die ehemaligen Bürozeiten sind Ihnen natürlich auch noch geläufig, oder? Di.-Fr. 9-13 und 15-18 Uhr.

4 In fremden Betten – Häuser, Wohnungen & So

Immer wieder schlimm: Zu Besuch bei fremden Leuten. Besonders schlimm sind die Küchen: Wo steht denn der Zucker? Ob auch Bier im Kühlschrank ist? Und wo, verdammt nochmal, ist der Mülleimer versteckt? ... Aber darauf kommt es schließlich an im Leben: Bei wildfremden Menschen auf Anhieb die Hausbar zu finden, dann die Fernbedienung, dann die Frau und dann das Bett. Na, dann los: Wir betreten das Haus Lindenstraße Nr. 3 – aah, geheiligter Boden! Wer hier schon alles gewohnt hat. Und viel schlimmer: Wer hier noch alles wohnen wird! Schauen wir uns einmal vorsichtig um ...

1 Wer wohnt noch mal im Erdgeschoß der Nummer drei neben dem Fahrstuhl?

2 Wer wohnte bisher alles im Erdgeschoß?

3 Ja, da geht's in den Keller. Hier ist die Waschküche, und was liegt links daneben?

4 Ah, die Beimer-Wohnung. Wer wohnte nach Marions Auszug zeitweise in ihrem Zimmer?

5 Was wurde eigentlich aus Phil Seegers Zimmer nach seinem Auszug aus der WG?

6 Was versperrte zeitweise den Flur der Schildknecht-Wohnung?

7 Wer zog in die Wohnung der Bennarschs?

8 Chris Barnsteg lebte eine Zeitlang bei ... ?

9 Wer wohnte in der Wohnung, in der jetzt die Kochs wohnen?

10 Wer versteckte sich vor der Polizei in der leerstehenden ›Nossek‹-Wohnung?

Lösungen 4. Runde

1 Die Klings

2 Die Klings, die Bennarschs, Berta Griese mit Manoel und Isolde & Enrico Pavarotti.

3 Der Hobbykeller

4 Erst Dominique, dann Franz Wittich. Schade eigentlich, beide gleichzeitig wär' sicher lustiger gewesen.

5 Bennos Werkstatt.

6 Tanjas Trainingsgeräte. Und welche seltsamen Geräusche ließen die arme, kranke Meike oft nicht einschlafen? Genau: Das regelmäßige Quietschen von Tanjas Matratz- . . . äh: Trainingsgeräten.

7 Zuerst Manoel & Berta, dann Isolde & Enrico

8 . . . Lydia Nolte.

9 Lydia und Berta

10 Dimitri, der Bruder von Elena.

11 Wie vollzog Hubert Koch den Umzug von Gabis Wohnung in die der Zenkers?

12 Wie nennt Onkel Franz seine Wohnung?

13 Onkel Franz' Wohnzimmerlampe basiert auf einem Geweih, einem geschnitzten Elfenbein oder einem naturbelassenen Birkenstamm?

14 Was gibt es nicht im Waffenschrank von Onkel Franz?
☐ Mäuse, ☐ Waffen, ☐ Holzwürmer?

15 In welchen Farbtönen ist das Badezimmer von Berta Griese gehalten?

16 In Klings Wohnung hängt ein Schweinskopf über dem Sofa. Stimmt oder nicht?

17 Welches Spezial-Gerät findet sich in Dr. Dresslers Villa am Treppengeländer?

18 Die Küche von Mutter Beimer. Der Tisch ist gedeckt. Aber mit was für einem Geschirr?

19 Wieso besitzt Berta Griese eigentlich ein Funktelefon?

20 Alles gewußt? Gut: Welche Farbe hat der Wasserkessel von Berta Griese?

11 Schlafend auf einem Sofa, getragen von Zorro und Andy Zenker.

12 ›Sperlingsruh‹

13 Einem Geweih

14 Waffen

15 In beige und grau. Naja. Claudia Rantzows hingegen ist sogar lila und rosa – pfuideibel!

16 Stimmt; zumindest für die Wochen, in denen sich Franz Wittich dort als Hausfreund eingenistet hatte. Irgendeinen Kopf muß Franz ja bei sich haben, der für ihn denkt.

17 Ein Rollstuhl-Lift

18 Das übliche ›Alt Bürgeler‹ Blau-weiß. Wer hat es nicht?

19 Wegen Lydia Nolte; Berta kaufte es ihrer bettlägerigen Mutter, als sie diese pflegte.

20 Türkis.

5 Die Frauen

Oh, du holde Weiblichkeit! Jung & Dumm oder Alt & Alzheimer – in der Lindenstraßenwelt ist alles an Fraulichkeit vertreten, was zwei, eine oder noch keine Brüste hat: Nervensägen & Herzensbrecherinnen, Zimtzicken & Hysterikerinnen, ewig Betroffene & auf ewig Belämmerte, neudeutsche Kaltschnäuzige & naive Kulturfetischisten... was für ein Haufen süßer Mäuschen! Und alle zum Wegkucken schön.

1 Sie macht aus ihrer Mördergrube kein Herz und war nur zu gern Zeugin und indirekte Herzinfarktverursacherin im Prozeß gegen Joschi Bennarsch.

2 Sie zieht nicht nur Kummer & Sorgen an wie ein Magnet, sie schleppt sich auch noch mit dem unschönen Mädchennamen ›Skabowski‹ herum.

3 Sie muß nach eigenen Angaben immer »witzig, schön und gut gelaunt sein«.

4 Sie machte auf Anfrage nur zu gern und zähnebleckend wie ein Haifisch bei der Hausfrauen-Fernsehsendung ›Frau im Alltag‹ mit.

5 Sie will durch eine Knochenmarkspende Meike Schildknecht helfen.

6 Sie ließ erst einen Mann sein Gelübde brechen und ihn dann gelangweilt sitzen.

7 Sie blockierte mit einem Transparent die ganze Lindenstraße, obwohl sie doch eigentlich nicht gegen Spießer, sondern ›Gegen Rüstung‹ demonstrieren wollte.

8 Sie litt angeblich so unter den Wechseljahren, daß sie auf den Psychopillen-Geschmack kam, aber nicht wieder runter.

9 Sie gewann in einem Spielcasino soviel Geld, daß sie ihren Kredit zurückzahlen konnte.

Lösungen 5. Runde

1 Else Kling

2 Gabi Zenker, verwitwete Zimmermann, geb. Skabowski

3 Isolde Pavarotti. Aber warum ist sie dann immer nur nörgelig, nervig und neurotisch?

4 Helga Beimer, auch bekannt als ›die Beimersche‹.

5 Ihre Schwester Tanja

6 Marion Heulsuse Beimer

7 Chris Barnsteg

8 Berta Griese

9 Isolde Pannowak

10 Sie ist – nicht nur nach Ansicht von Lindenstraßen-Fan Elfie Schruwe, wohnhaft in 25840 Koldenbüttel (Kreis Nordfriesland) – »Immer so gut angezogen!«

11 Sie wird von Helga Beimer nach der Rückkehr von deren Langeoog-Urlaub spontan zum Krabbenessen eingeladen.

12 Sie flog zusammen mit ihrem Freund von der Schule.

13 Sie hatten zwei große Leidenschaften: Die eine schrieb heimlich Tagebuch, und die andere las es heimlich.

14 Sie freute sich auf ihr Praktikum als Krankengymnastin, dann auf ihr Praktikum bei einer Zeitung, dann über die bestandene Prüfung an der Journalistenschule, doch letztlich wurde sie lieber Männerzurhandgeh-Frau.

15 Sie ist aufgrund einer frühen Eileitererkrankung leider unfruchtbar und bestellte sich ein Kind bei ›Terres des hommes‹.

16 Sie wohnt nicht in der Lindenstraße, sondern ist eine Arbeitskollegin von Gung, der sich schwer in sie verliebte.

17 Sie brachte mit einem Lippenstiftabdruck an Hansemanns Kragen Ärger ins Beimer'sche Heim.

18 Sie macht erst die Frisör-Meisterprüfung und direkt darauf eine Abtreibung.

19 Sie kommt eigentlich nur zu Benno Zimmermanns Beerdigung und bleibt leider für immer da.

20 Sie lebt verständlicherweise lieber in Hollywood als in der Lindenstraße.

10 Berta Griese. Und um es noch deutlicher zu sagen: Berta ist definitiv jeglichen Umständen angemessen stets & ständig overdressed.

11 Anna Ziegler. Ausgerechnet.

12 Kornelia Harnisch

13 Elisabeth Flöter das Tagebuch von Tochter Beate

14 Tanja Schildknecht

15 Berta Griese

16 Katharina

17 Chris Barnsteg; der Kuß aber passierte aus unerotischen Gründen, nämlich aus? . . . Dankbarkeit.

18 Bianca Guther

19 Rosi Koch

20 Nina Winter

6 Die Männer

Über wenigstens eines sind sich Lindenstraßen-Beobachter einig: Die Männer in der Lindenstraße sind keine Männer, das sind höchstens Männchen. Die Lindenstraße wimmelt nur so von starken Frauen und schlappen Männern. Woran liegt das? An den minderwertigen Genen? An den milchkäsigen Gesichtern? Oder daran, daß die Drehbuchschreiber der Lindenstraßengeschichten fast ausschließlich Weibchen sind? – Egal: Männer wie aus Balsaholz geschnitzt! Hier kommen Sie . . .

1 Er hatte noch im Osten gelebt und handelte demzufolge rührselig mit ›Heimaterde‹.

2 Er hielt sich für unwiderstehlich und führte für den besseren Überblick sogar eine ›Frauenkartei‹.

3 Er wurde zu 2 Jahren und 6 Monaten verurteilt, nur weil er Else Kling eins über den Schädel gezogen hatte.

4 Er wollte Pilot werden, verpflichtete sich zu acht Jahren Bundeswehr und wurde abgelehnt.

5 Er schenkte seiner geliebten Frau zum ›Neuanfang‹ einen Diamantring, den sie ebenso verschmähte wie ihn selbst.

6 Er sieht nicht nur aus wie Gunther Gabriel für Arme, er trägt tatsächlich auch noch schwarze Unterwäsche.

7 Er wiederum stand überhaupt nicht auf sexy Dessous.

8 Er fuhr wenigstens eine Zeitlang Wäsche kreuz und quer durch die Gegend, um sich einen Pinsel zu verdienen.

9 Er mußte nach seinem Rausschmiß mit nur 2736 DM Arbeitslosengeld rechnen.

Lösungen 6. Runde

1 Joschi Bennarsch

2 Phil Seegers

3 Frank Dressler

4 Jo Zenker

5 Franz Schildknecht seiner Frau Henny und umgekehrt.

6 Andy Zenker. Um weniger Wechseln zu müssen?

7 Sigi Kronmayr. Er wurde sauer, als seine Elfie versuchte, ihn mit Reizwäsche von seinen Potenzproblemen abzulenken.

8 Franz Schildknecht, der als ›Künstler‹ nebenbei bei einer Wäscherei arbeitete.

9 Hans Beimer

10 Er fuhr als erster in der Lindenstraße seinen Wagen zu Schrott: Totalschaden.

11 Er überlebte Liebeskummer oder Pickel-Attacken nur unter Dauerberieselung mit schwülstigen Opern-Arien.

12 Er fertigte eine Unterschriftenliste, auf der die Unterzeichner dafür plädierten, den Schildknechts das Sorgerecht für Meike zu entziehen.

13 Er findet in der Erde eines Grabes einen Revolver.

14 Er wird von Anna Ziegler geliebt und liebt sie nicht zurück.

15 Er befestigte zusätzlich einen kleinen Riegel an der Wohnungstür, damit Else keinen Zutritt zur Wohnung mehr haben sollte.

16 Er wollte von Tanja Schildknecht angeblich nie mehr, als sie nur »beschützen«, konnte aber einen hartnäckigen Dauerständer dabei nur schwerlich verbergen.

17 Er sieht eigentlich gar nicht so aus, als könne er Schwangere mißhandeln – und dann sogar noch einen Mordversuch unternehmen.

18 Er brennt sich erst einen Zigarette an und dann das Wohnzimmer ab.

19 Er will allen Ernstes nach Mineralwasser auf einer Wiese bohren.

20 Er brauchte nur 5 Monate, um als Vertretung den Kiosk von Gottlieb Griese zu ruinieren.

10 Ebenfalls Hans Beimer. Und zwar in Folge 7, gleich zu Beginn des Familienurlaubs.

11 Carsten Flöter

12 Sigi Kronmayr

13 Celin Kern

14 Gung

15 Joschi Bennarsch

16 Panaiotis Sarikakis

17 Friedhelm Ziegler

18 Dr. Dressler

19 Gottlieb Griese

20 Egon Kling

7 Kinder & Kindsköpfe

Ohne sie wär das Leben noch mal so schön. Aber schön will es schließlich keiner haben in der Lindenstraße, dafür liebt man die lieben Sorgen viel zu sehr. Deswegen macht man sich noch extra welche dazu, und nun laufen sie halt zu Dutzenden herum und machen doch letztlich nichts als Ärger: Kinder und Kindeskinder, Gören und Rotznasen, Pökse und Pubertierende. Und wenn sie nicht irgendwann ausgepickelt haben, dann nerven sie noch heute ...

1 Else Kling tritt in einen Haufen Hundescheiße. So weit, so gerecht. Doch welche beiden Gören hatten das Häufchen so gezielt im Hausflur deponiert?

2 Welches Lied widmeten Klausi & Manoel der lieben Frau Kling eines Weihnachten?

3 Wie sollte Anna Zieglers Tochter Sarah zuerst eigentlich heißen?

4 Wer gab sich für Annas zweites Kind, original angesetzt von Hans Beimer, eine Zeitlang als ›Schein-Vater‹ aus?

5 Wer übernahm die Pflegschaft für Lisa Hoffmeister?

6 Wie hieß Klaus Beimers ›Freund‹ Oliver mit Nachnamen?

7 Welches der Kinder wurde von Zorro mit dem Spitznamen ›Tarzan‹ gerufen?

8 Trantüte Manoel: Irgendwann will sogar Klausi nicht mehr mit ihm spielen. Iffi bietet dem Einsamen überraschend eine tägliche Runde Federball an. Doch was soll Manoel als Gegenleistung dafür tun?

9 Wie würde Max ›Mäxchen‹ Zimmermann heißen, wenn er ein Mädchen geworden wäre?

Lösungen 7. Runde

1 Klausi und Manoel. Und zwar in Folge? ... 100

2 ›Kling Else Klingelingeling‹. Und in welchem Jahr war das? Weihnachten 1988

3 Katharina. Und zwar nach wem? ... Nach Annas Mutter.

4 Zorro Pichelsteiner

5 Gabi Zenker

6 Klatt. Und seit wann war Klausi mit Olli befreundet? ... Seit der 1. Klasse

7 Manoel. ›Trantüte‹ wäre allerdings passender gewesen.

8 Er sollte einen Wurm essen.

9 Monica

10 Womit spielte ›Söhnchen‹ Celin immer wie manisch herum?

11 Wie hieß Meike Schildknechts Lieblingsbuch?

12 Wer schmückte Marions Zimmer mit Papstbildern?

13 Warum durfte der kleine Max plötzlich nicht in den Kindergarten?

14 In welcher Umweltorganisation ist Benny Mitglied?

15 Wer ist der Vater von Max?

16 Was tat Meike Schildknecht, um extra krank zu werden?

17 Woran erkannte Philo Bennarsch ihren lang vermißten Sohn, einen heutigen Kapitän?

18 Auf welche mittelalterliche Raubritter-Methode besannen sich Manoel & Klausi, um ihr Taschengeld aufzubessern?

19 Von wem verlangte Walze, er solle ihr die Haare kurz schneiden?

20 Und warum eigentlich lief Lisa Hoffmeister von Zuhause weg und fand nicht mehr zurück?

10 Mit einem Tischtennis-Ball

11 ›Der kleine Kolibri und die Sonne‹

12 Benny, der Schlingel

13 Wegen Asbestgefahr

14 Nein, nicht bei ›Greenpeace‹, dem weltweiten Walverherrlichungsverein, auch nicht bei dem berühmten L.U.S.H. (Landesumweltschutzverband Schleswig-Holstein), sondern natürlich bei? ... ›Robin Wood‹.

15 Phil Seegers

16 Sie kletterte in den Kühlschrank von Gottlieb Griese. Aber bekommt man davon Leukämie?

17 An einer Narbe am Knie. Und wie lautete demzufolge der anspruchsvolle Titel jener Folge? ... ›Das Knie des Kapitäns‹. Ja, auf sowas muß man erstmal kommen!

18 Wegezoll kassieren: Sie blockierten den Fahrstuhl und verlangten Geld für's Mitfahren. Dabei hätten sie etwas dafür bezahlen müssen, daß man diesen beiden Monstern Gesellschaft leistete!

19 Von Zorro. Er war es ja auch, der so umgehend dringend mit ihr nach Bergen-Belsen fahren sollte.

20 Sie hörte bei einem Gespräch zwischen ihrer Mutter und Frau v.d. Marwitz heimlich zu und erfuhr, daß sie ein nichtgewolltes Kind sei.

8 Verliebt, Verlobt, Geschieden – Liebe, Ehe & Affären

›Liebe ist, wenn das Bett dabei wackelt‹, sagt schon Konfuzius. Ohne Liebe kein Leben! Ohne Leben keine Lindenstraße! Oh, wär' das schön. Aber die Liebe funktioniert sogar im künstlichen Menschenaquarium Lindenstraße: Ob zärtliches Namenflüstern oder zügiges Nummerschieben, ob seelische Verzückung oder körperliche Vergewaltigung, ob Pickelcremediskussionen oder Pornografieversuche – alles ist dabei. Erinnern wir uns noch? Na dann: Hosen runter und die Erinnerungslücken gestopft!

1 Welches Liebespaar heiratet als erstes in der Geschichte der Lindenstraße?

2 Wieviele lange Jahre währte die Ehe zwischen Helga und Hans Beimer?

3 Was kochte Helga Beimer ihrem ›Hansemann‹ traditionell zum ›Kennenlern-Tag‹?

4 Den ersten Kuß – von Muttis ewigem Geknuddel einmal abgesehen – bekam Klausi von ...?

5 Und wer entjungferte diesbezüglich Benny Beimers Mundflora?

6 In welche Stadt wollte Matthias Steinbrück mit Marion Beimer gehen?

7 Gabi Zimmermann betrog ihren Benno mit ...?

8 Welche Sorten Rosen schenkte Hans Beimer Anna Ziegler beim ersten Besuch nach Helgas Rückkehr?

9 Bennys langjährige Freundin heißt mit Vor- und Nachnamen?

10 Und Dr. Dresslers geschiedene Frau heißt bitte wie?

Lösungen 8. Runde

1 Elfie & Siegfried Kronmayr. Und was schenkte Ihnen Joschi Bennarsch zur Hochzeit? ... Eine Bibel.

2 23 Jahre

3 Maultaschen

4 ... Iffi Zenker

5 Beate. Und zwar in Folge? ... 62

6 Nach Berlin

7 ... Phil Seegers

8 Bibernellrosen

9 Kornelia Harnisch. Und ihr Vater ist bitte was von Beruf? ... Architekt, rischtisch.

10 Nina Winter / USA

11 Mit wem hatte Berta Griese geschlechtlich ein vergebliche Liaison?

12 Wer wollte nur zu gern, vielleicht sogar ums Verrecken gern, der 5. Ehemann von Amelie werden?

13 Was schenkte Onkel Franz Amelie?

14 Aus welchen niederen Beweggründen begann Dr. Pauli ein Verhältnis mit Elisabeth Dressler?

15 Was tat Andy Zenker, als Gabi zu ihm in den Fahrstuhl stieg?

16 Und nur unter welcher Bedingung wollte Andy Zenker Gabi Zimmermann eine Matratze leihen?

17 Warum war Monsieur Mourrait für Tanja kein Mann fürs Leben?

18 In wen verliebte sich sterblich Egon Kling, und was brachte ihm das ein?

19 Wieviele Hochzeiten hat es in der Lindenstraße bis Folge 200 gegeben?

20 Am gleichen Tag, als im Akropolis die Kleinkunstbühne eröffnet wird, öffnet sich auch für Hans Beimer etwas. Was?

11 Mit Robert Engel

12 Franz Wittich

13 Ein Foto von sich

14 Er hatte mit einem Bekannten um eine Kiste Champagner gewettet, daß er Elisabeth ›herumkriegt‹.

15 Er aktivierte die Notbremse – und ließ die Sau raus?

16 Sie muß auf der Matratze liegen . . . neben ihm.

17 Weil sie sich bei ihm »Wie in einem goldenen Käfig« fühlte, das Vögelchen.

18 In Isolde Pannowak, einen Korb und Prügel von Else

19 Sieben: Elfie & Sigi Kronmayr / Berta & Gottlieb Griese / Elisabeth & Ludwig Dressler / Gabi & Benno Zimmermann / Beate & Vasily Sarikakis / Isolde & Enrico Pavarotti / Franz & Vera Schildknecht

20 Anna Ziegler öffnet sich. Hans und Anna machen Nägel mit Köpfen und probieren ein erstes Beischläfchen.

9 Berufe & Berufungen – Das täglich Brötchen

»Bist Du was, hast Du was!« lautet eine alte deutsche Gesellschaftsweisheit. In der Lindenstraße sind fast alle irgendwas, aber ob sie auch was haben, darum geht es erst zwei Kapitel weiter. Vorerst lautet die Frage nur: Was macht der? Was kann die? Und womit haben die das eigentlich verdient, was sie da allabendlich in trauter Runde im ›Akropolis‹ wieder versaufen? – Sagen wir mal so: Hubertchen ist gelernter Uhrmachermeister, Gottlieb Griese war Bibliothekar, Zorro hat ein abgebrochenes Theaterwissenschafts- und Kunstgeschichte-Studium hinter sich, das spurlos an ihm vorübergegangen ist, ja, das weiß jeder – aber . . .

1 Welches Amt übte Matthias Steinbrück aus?

2 Welchen Beruf übte Hans Beimer aus, bevor er ins Hotelfach wechselte?

3 Welchen ›Beruf‹ übte Franz Wittich in den Nachkriegsjahren aus?

4 Warum konnte Frank Dressler nicht Medizin studieren?

5 Dominiques Vater, Jean-Luc Mourrait, ist von Beruf . . . ?

6 Henny Schildknecht war zu Lebzeiten Lehrerin für . . . ?

7 Zorros Bruder Otto ist von Beruf . . . ?

8 Wer schämte sich seiner Arbeitslosigkeit und tat wochenlang einfach so, als ob er täglich weiterhin ›zur Arbeit‹ ginge?

9 Was war Franz Schildknecht ursprünglich von Beruf?

10 Wo verdiente Gabi Zenker ihr Geld, bevor sie im ›Cafe Bayer‹ zu arbeiten begann?

Lösungen 9. Runde

1 Das katholische Priesteramt. Und warum nicht mehr? ... Er hat es wegen seiner Liebe zu Marion niedergelegt und verdient sein Geld als Religionslehrer.

2 Sozialarbeiter im Jugendamt

3 Schwarzmarkthändler

4 Er konnte angeblich kein Blut sehen. Aber sich selbst Spritzen setzen konnte er prima

5 ... Kunsthändler & Galerist

6 ... Deutsch, Französisch und Sport

7 ... Rechtsanwalt

8 Berta Nolte, spätere Griese – nachdem sie 7 Jahre lang in einer Wäscherei gearbeitet hatte.

9 Realschullehrer

10 In einem Schnell-Imbiß, davor in einer Fabrik.

11 Welchen Beruf hat Anna Ziegler?

12 Wo arbeitete der Vorzeigebehinderte Christoph Bogner?

13 Bevor er sich zur Rollstuhlruhe setzte, praktizierte Dr. Dressler als ☐ Arzt für Allgemeinmedizin, ☐ Hautarzt, ☐ Kinderarzt?

14 Was machte Egon Kling mehr schlecht als recht bis Folge 83?

15 Welchen behördlichen Beruf hatte Sigi Kronmayr?

16 Was für ein Geschäft hatte der Bruder von Hubert Koch, Karl Koch?

17 Was betrieb Panaiotis nebenberuflich noch außer dem ›Akropolis‹?

18 Helga Beimers erlernter Beruf ist . . . ?

19 Welche Lehre begann Frank Dressler?

20 Und wer handelte unter anderem auch mit Honig, Kräutern und Steinöl?

Lösungen 9. Runde

11 Erzieherin

12 Im Blumenladen

13 Arzt für Allgemeinmedizin

14 Er war Hausmeister in der Nr. 3

15 Zollbeamter

16 Kurzwaren; und zwar in? ... Rostock

17 Eine Tanzschule

18 Bankkauffrau

19 Schreiner

20 Joschi Bennarsch

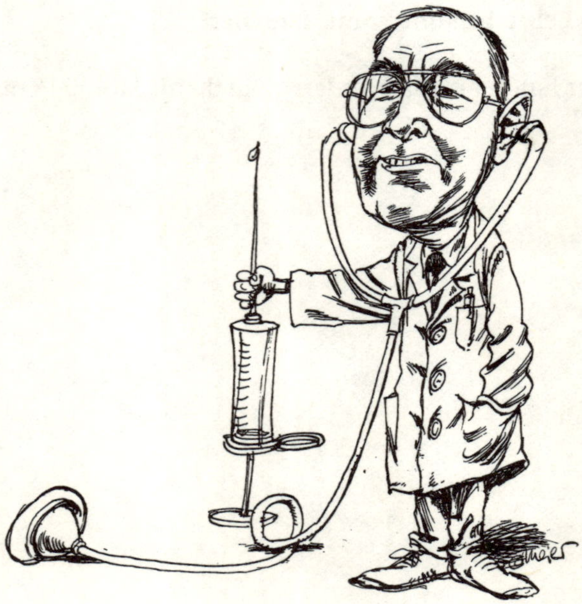

10 Autos & Co – Mobilitäten in der Lindenstraße

Ohne Blechkisten, die den Gehweg zuparken und das Straßenbild verschandeln, nimmt keiner einer Straße ab, daß sie eine echte Straße ist. Deshalb steht die Lindenstraße voller Autos. Manchmal werden Sie sogar benutzt, doch meist nur, um unliebsame Mitbewohner zu überfahren. Trotzdem: Was ein echter männlicher Lindenstraßen-Fan ist, der ist auch ein echter männlicher Autotrottel und weiß natürlich genau, welches Modell in genau welcher Ausführung den armen Dr. Dressler übermangelte, nämlich – aber lesen Sie doch selber! Oder können Sie nur Autofahren? . . .

1 Welcher Autotyp (Marke, Modell & Ausführung) machte Dr. Dressler zum Rollstuhlfahrer?

2 Wieviele schwarze Quadrate befinden sich auf der rechten Seite von Carsten Flöters Käfer?
☐ 6 ☐ 12 ☐ 18

3 Auf welchem PKW (Marke & Modell) basierte das Zenker'sche ›Solarmobil‹?

4 Mit was für einem Fahrzeug war Egon Kling in geheimer Mission unterwegs nach Griechenland?

5 In der Lindenstraße gibt es nur einen Polizeiwagen-Typ. Nenne Marke und Modellreihe.

6 Was für ein Auto (Marke & Modell) fuhr Franz Schildknecht, als er noch fahren konnte?

7 Erich Schiller fährt einen . . . ?

8 Hajo Scholz fährt welchen Wagen?

9 Wie wollte Zorro den gesamten Autoverkehr auf der Ludwigstraße stoppen?

1 VW Bus Pritsche

2 12

3 Auf einem VW Golf II

4 Mit einem Wohnmobil

5 BMW 5er

6 Einen Mazda 626

7 . . . Mercedes 200

8 Einen Ford Escort. Ach, und das Kennzeichen, bitte? . . .
M-CE 112

9 Mit 1000 Kilo Leim

10 An wessen Auto zerkratzte Klausi Beimer aus schierer schlechten Laune den Lack?

11 Von welchem Fabrikat war Andy Zenkers Taxi?

12 In was für einem Autotyp wurde Nossek angeschossen: In einem □ Cabrio, einem □ Kombi oder einem □ Lieferwagen?

13 Helgas erstes Autochen war ein
□ Renault 4, □ ein Citroen 2CV oder □ ein Fiat Panda?

14 Wer besprühte den Wagen der Beimers mit Farbe?

15 Was für ein Fahrzeug greift Zorro mit einem Molotow-Cocktail an?

16 Wer in der Lindenstraße fuhr denn einen ›Manta‹?

17 In seiner allerersten Szene in der Lindenstraße verschafft sich Andy Zenker seinen einzig guten Auftritt und überfährt leider nur beinahe eine sehr beliebte Person. Wen?

18 Woran scheitert Carsten Flöters erste Probefahrt vor erwartungsvollem Publikum?

19 Was fehlte an Zorros Wohnwagen eigentlich am meisten?

20 Alles zu leicht? Gut: Und wieviel schwarze Quadrate sind auf dem Dach von Carsten Flöters Käfer?

10 Am Wagen von Erich Schiller

11 BMW (Besonders Mächtig Wichtig)

12 Cabrio

13 Helgas Auto war natürlich eine ›unmögliche Kiste‹: Fiat Panda

14 Das war Herr Proobst, der durch Beteiligung u.a. Hans Beimers zu einer Gefängnisstrafe verurteilt worden war.

15 Einen sog. ›VW-Kübelwagen‹, der von ›Provos‹ gefahren wird, wie Neo-Faschisten im Lindenstraßen-Jargon parteilos-vorsichtig genannt werden.

16 Ein Freund von Jo Zenker. Beate Sarikakis als Frisöse hat allerdings nie auf dem Beifahrersitz gesessen.

17 Else Kling

18 An dem leeren Tank seines Käfers.

19 Ein Auto mit Anhängerkupplung; Zorro zog den Wohnwagen eigenhändig durch die Lindenstraße.

20 Neun; Lars hat sie mit spitzem Finger eigenhändig nachgezählt.

11 Gut & Geld – Die leidigen Finanzen

Ach ja, wenn das böse Geld nicht wär': »Unser täglich Rosinenbrötchen gib' uns heute!«, so lautet das flehentliche Morgengebet in fast der gesamten Lindenstraße. Meist ist man arm dran. Aber die meisten Lindensträßler wären auch mit mehr Geld nicht zufriedener, sind doch die steten Finanzkrisen, Glückspielversuchungen und Ruine – ... Nein, Frau von Marwitz, niemand hat Sie gerufen. ... Ach so! Nein-nein, wir meinten ›finanzielle Ruine‹, nicht Ihre Fassade. So, und nun gehen Sie bitte wieder zurück in den Fernseher und spielen Sie Ihre herrliche, große Transvestiten-Nummer weiter, Herr von der Marwitz, ja? ... Wo waren wir liegengeblieben? Genau: Doch so armselig, wie sie uns immer glauben machen wollen, sind die Lindensträßler nicht. Manche von ihnen sind sogar stinkereich. Aber welche? Aber welche?

1 Wem gehört das Haus Lindenstraße Nr. 3?
☐ Dr. Dressler, ☐ Phil Seegers, ☐ Else & Egon Kling?

2 Andy Zenkers ganze ›Abfindung‹ an Gabi, bevor er sie mitsamt seinen Blagen sitzen ließ, war? ☐ Sein Sparbuch, ☐ sein Taxi, ☐ Gabis gesammelte Liebesbriefe.

3 Für wieviel Geld verkauften die Sarikakis ihre Pension in Griechenland? Für ☐ 110.000$, ☐ 220.000$, ☐ 330.000$?

4 Wieviel Geld verspielte Hubert Koch in seiner Daddelhallen-Zeit? ☐ 5.000 DM, ☐ 10.000 DM, ☐ mehr als 10.000 DM.

5 Wieviel wollten die ›Provos‹ für eine von Zorros skurrilen ›Skulpturen‹ freiwillig springen lassen?
☐ 99 Pfennig, ☐ 1 Mark, ☐ 'n paar ans Maul.

6 Welche Geldsumme befand sich in Onkel Franz' Schreibtischschublade, als Benny heimlich seine Hand dort hineinversenkte?
☐ 24.000, ☐ 12.000 DM, ☐ nichts.

Lösungen 11. Runde

1 Phil Seegers; er hat's mit nur 62 anderen Häusern zusammen von seinem Onkel geerbt.

2 Das Taxi mit Lizenz immerhin. Und wer verkaufte die ganze Chose für Gabi? ... Hubert

3 Für 220.000$. Und warum eigentlich überhaupt? ... Weil sich Vasily & Beate getrennt hatten.

4 Genau 11.400 DM; davon 7000 vom eigenen Sparbuch, 1.000 geliehen von Panaiotis (als die Geldeintreiber vom Spielcasino hinter ihm her waren), 1.700 von Dr. Dressler, 1.700 Mietschulden.

5 99 Pfennig; nachdem Zorro ursprünglich wieviel Geld dafür verlangt hatte? ... 99 Mark

6 24.000 DM

7 Wo gewann Else Kling 31.000 DM?
☐ Beim Mittwochslotto, ☐ bei der Klassenlotterie,
☐ auf der Rennbahn.

8 Was ›kostete‹ Mutter Beimer ihre Pariser Liebesnacht?
☐ 200 Mark, ☐ 2.000 Mark, ☐ 2.000 Franc.

9 Welche Geldsumme schickte Wolf Drewitz seiner Chris als ›Trostpflaster‹, nachdem er sie schnöde sitzengelassen hatte?
☐ 100 Mark, ☐ 500 Mark, ☐ 1.000 Mark.

10 Dr. Dressler wollte Sohn Frank kein Geld geben. Warum nicht?
☐ weil Frank nicht studieren wollte,
☐ weil Frank nicht von der Nadel wegkam,
☐ weil Dr. Dressler wg. seiner Lähmung nicht mehr genug Geld erübrigen konnte.

11 An wen zahlte Phil Seegers 20.000,– DM Schmerzensgeld?
☐ an Gabi Zimmermann,
☐ an seine Mieter,
☐ an Benno Zimmermann.

12 Womit ›bezahlte‹ Zorro seinen Wohnwagen, das ›Ei‹?
☐ mit einem Sack Gemüse und zwei Kaninchen,
☐ mit gefälschtem Geld,
☐ mit einem seiner Kunstwerke.

13 Mit einer Steuernachzahlung in welcher Höhe mußten die Klings rechnen?
☐ 5.000 DM, ☐ 15.000 DM, ☐ 25.000 DM.

14 Jean-Luc Mourrait kauft allen Ernstes zwei Bilder von Franz Schildknecht, und zwar für je sagenhafte . . . ?
☐ 500 Mark, ☐ 1.000 Mark, ☐ 1.500 Mark.

15 Andy kutschiert einen verrückten Amerikaner eines Nachts von Bar zu Bar und kassiert dafür wieviele Dollar in bar?
☐ 250 $, ☐ 400$, ☐ 500$.

7 Beim Mittwochslotto

8 2.000 DM weniger in der Handtasche minus Papiere

9 100 Mark. Irre Summe, was? Wahrscheinlich für Zigaretten & Brechmittel.

10 Weil Frank nicht studieren wollte.

11 An Benno Zimmermann; für 1x eine Flasche über den Kopf hauen

12 Mit einem seiner ›Kunstwerke‹

13 Circa 15.000 DM. Und warum? ... Weil die Wäscherei nicht offiziell angemeldet gewesen war.

14 1.500 Mark. 1,50 wär' der aktuelle Materialwert gewesen.

15 Fünfhundert Dollar

16 Eine rechtsgerichtete Partei will das ›Akropolis‹ für eine Wahlveranstaltung mieten. Wieviel verlangt Panaiotis für einen Abend?
☐ 1.000 Mark, ☐ 10.000 Mark, ☐ 100.000 Mark.

17 Hubertchen, immer noch in Geldnot, leiht von Onkel Franz 100,– DM. Was mußte er dafür tun?
☐ laut die 3. Strophe der Nationalhymne absingen,
☐ mit Onkel Franz einen Saufen gehen,
☐ auf eines von Franz Wittichs Wohnzimmer-›Vereinstreffen‹ kommen.

18 Wofür verballerte Enrico sinnlos rund 200.000 Deutschmark?
☐ Um sein ›Casarotti‹ schick einzurichten,
☐ um Isoldes Singles aufzukaufen,
☐ für leichte Mädchen und schwere Getränke.

19 Berta Griese bietet H-h-hajo Scholz frischverliebt eine beachtliche Summe von ihrem säuerlich Ersparten zur Tilgung seiner Schulden an. Wieviel ist Berta das liebenswerte Gestottere wert?
☐ Z-z-zehn-tausend,
☐ F-f-fünfzig-t-t-t-tausend,
☐ Hu-hu-hu-hunderttausend.

20 Genau an der Stelle, wo in der Lindenstraße einst der Kiosk stand, plante die Stadt München einen U-Bahn-Zugang. Welche angemessene Summe schlägt Zorro dem betrübten Enrico als Entschädigung für seine Bretterbude vor?
☐ 100 Mille, ☐ 500 Mille, ☐ 1 Mio.

16 100.000 Mark. Ein angemessener Preis, nicht wahr?

17 Hubert Koch muß auf eines von Franz Wittichs treudeutsch-doofen ›Vereinstreffen‹ kommen.

18 Natürlich nur für Isoldes nichtvorhandene Kunst.

19 50.000 DM

20 Eine Million

12 Urlaub & Kleine Fluchten – Der Rest der Welt

Oh doch, die Lindensträßler kennen nicht nur die kleine, enge Lindenstraße, sie kennen auch die große, weite Welt! Aber wie bei normalen Menschen auch ändert das rein gar nichts an ihrem kleinkarierten Verhalten. Alljährlich oder ›ganz spontan‹ schnüren sie ihre Bündel und Kinder und Autos und gehen auf große Fahrt. Und verbreiten Schrecken – äh: Freude, wohin sie auch kommen. Falls sie überhaupt hinkommen. Kleine Weltreise gefällig? Los geht's: Die Lindenstraße grüßt den Rest der Welt, der Rest der Welt bedankt sich ...

1 Helga Beimer und Erich Schiller flogen gemeinsam in Urlaub nach ...?

2 Frank Dressler & Carsten Flöter machten 6 Monate Urlaub in ...?

3 Marion und Vasily erlebten Weihnachten 1986 in ...?

4 Franz Schildknecht und seine Vera zog es in die ..., als sie ›aussteigen‹ und »Weinbauern zwischen Olivenhügeln« werden wollten?

5 Zum Studieren ging Marion nach ...?

6 Die gemeinsame Reise von Elisabeth & Dr. Dressler ging nach ...?

7 Berta und Gottlieb reisten nach ...?

8 Berta Griese schenkte ihrem Gottlieb eine Reise auf die ...?

9 Lydia Nolte ging zur Kur nach ...?

10 Hans, Helga & Klausi Beimer und Berta Griese & Manoel fuhren gemeinsam ins ...?

1 ... Irland

2 ... den USA

3 ... Griechenland. Und zwar getrennt, Marion in einer Jugendherberge hockend. Schön, nicht? Man gönnte es ihr einfach.

4 ... Toscana. Und wie mag der Wein aus Oliven bloß schmecken? ... So, wie Franzens Bilder aussehen.

5 Reingefallen? Ja: später nach Paris. Aber erst nach Berlin.

6 ... Locarno/Italien

7 Mexico, um den bestellten und wie nicht abgeholt aussehenden Manoel abzuholen.

8 ... Bahamas

9 ... Garmisch

10 ... Fichtelgebirge

11 Chris Barnsteg tourte mit der Theatergruppe durch . . . ?

12 Else Kling und Onkel Franz waren zusammen in Liebesurlaub auf . . . ?

13 Marion plant mit ein paar Kommilitonen eine tolle Reise von Berlin nach . . . , fährt dann aber wegen Geldmangel doch nicht mit.

14 Tanja Schildknecht suchte und fand ihren Vater in . . . ?

15 Helga Beimer suchte und fand Benny in . . . ?

16 Onkel Franz wollte Frau von der Marwitz unbedingt nach . . . begleiten.

17 Philo Bennarsch fährt in den schönen Norden nach . . . und trifft dort nach Jahrzehnten ihren verschollen geglaubten Sohn wieder.

18 Philo Bennarschs schlimmste Odyssee aber war, als sie in . . . von einem Tiefkühl-LKW gezogen wurde und nach . . . in eine Klappsmühle eingeliefert wurde, weil sie fest daran glaubte, bereits in . . . zu sein, wo sie ja ursprünglich hin wollte.

19 Else Kling will angeblich am . . . -See Urlaub gemacht haben, während sie ein paar Tage in der lehrstehenden Nossek-Wohnung schmollte und sich vor Egon versteckt hielt.

20 Zwischendurch immer mal nach . . . an den . . . fahren? Klar! Dr. Dressler hat dort eine eigene Ferienwohnung.

11 . . . Dänemark. Ein sehr tolerantes Land mußte es für diese haarsträubende Ganzklein-Kunst schon sein.

12 . . . Mallorca

13 . . . Nepal

14 . . . Griechenland. Ist ja auch ein kleines Land.

15 . . . Portugal, bei einem Fischer. Noch kleineres Land, dieses Portugal. So einfach jemand zu finden, als suchte man eine Helga in einem Heuhaufen.

16 . . . nach Russland

17 . . . nach Hamburg

18 . . . Hannover . . . München . . . Russland

19 . . . am Wolfgangsee

20 . . . Percha am . . . Starnberger See

13 Kunst, Kultur & Kitsch – Schöngeistiges

Kulturell ist die Lindenstraße voll auf der Höhe. Auf wessen Höhe? Na, auf ihrer eigenen! Die künstlerischen Kreationen der Lindensträßler sind mindestens so ästhetisch wie ihre Schöpfer. Ehrlich: In dieser kleinen Straße wimmelt es nur so von verhinderten Künstlern: Isolde Pannowak-Pavarotti, die Margot Werner für Arme, Franz Schildknecht, der Picasso für Blinde, Panaiotis Sarikakis, der Sorbas für Rollstuhlfahrer und ... noch mehr? Klar!

1 Wo hatte Benny Beimers Band ihren ersten ›Gig‹?

2 Wie hießen ihre beiden ›Hits‹?

3 Im ›Akropolis‹ gab es auch einmal eine Theatervorstellung. Was wurde dem gebildeten Straßenpublikum gegeben?

4 Welche ›Sie‹ lernte welchen ›Ihn‹ an der Volkshochschule kennen?

5 Wo fand Zorros einzige Ausstellung von ›Skulpturen‹ statt?

6 Wieviele Werke sollte Isolde bei ihrem ersten Plattenvertrag zwei Jahre lang umsonst liefern?

7 Wer zitiert oft, gern und freihändig den großen Philosophen Kon-Fu-Zi-Us?

8 Was war eine einmalige Sonderaktion im Tanzstudio ›Sarakakis‹?

9 Tanja Schildknecht war so umweltbewußt und hat nach seinem Tod seine sämtliche ›Kunst‹ umgehend entsorgt, aber wer besitzt dennoch – sei es aufgezwungen oder gar freiwillig – eines oder mehrere ›Bilder‹ von Franz Schildknecht?

Lösungen 13. Runde

1 Da, wo schon viele groß angefangen und ganz klein 'rausgekommen sind: im ›Akropolis‹.

2 ›Die Kuh‹ & ›Sarah Maria‹

3 ›Orphee‹ von Cocteau. Und wer spielte die Orphee? ... Chris Barnsteg

4 Berta Nolte traf Gottlieb Griese

5 Im Blumenladen

6 24 Stücke

7 Gung

8 Eine Bilderausstellung von Franz Schildknecht

9 Dr. Dressler, Hans Beimer & Anna Ziegler, Klings Else, Monsieur Mourrait und Matthias Steinbrück, natürlich ein ›Porträt‹ von Marion.

10 Und wie hieß die Combo, die Silvester 92/93 im ›Akropolis‹ zum Tanz aufspielte?

11 Welche der folgenden Personen hatten Klavierunterricht bei Berta Griese?
☐ Else Kling, ☐ Enrico Pavarotti, ☐ Klausi Beimer.

12 Isolde Pavarotti wurde bei Ihren Heimspiel-Auftritten musikalisch von wem begleitet?

13 Welches Instrument spielte Dr. Dressler, wenn's ihn gelüstete?

14 Enrico verabscheut die Tonart ›Fis‹. Stimmt? Oder stimmt nicht?

15 Wie heißt eigentlich Isoldes LP?

16 Welches Spiel mit musikalischer Untermalung unter der Leitung von Dr. Dressler wurde Silvester 89/90 im ›Akropolis‹ gespielt?

17 Welchen alten Gassenhauer sangen Onkel Franz' Freunde Hilmar, August und Fridjof auf dem Nachhauseweg nach einer Zecherei bei Onkel Franz?

18 In Helga Beimers Wohnzimmer hängt eine Zeichnung einer noch berühmteren, doch nur halb so tragisch-traurigen Witzfigur. Welche?

19 Hajo Scholz besitzt ein Plakat zu einem berühmten Süßkind-Buch. Zu welchem?

20 In der Küche der ewig sorgenvollen Gabi Zimmermann-Zenker wirbt ein Plakat für ein Museum. Für welches?

10 Die ›Golden Boys‹

11 Kling & Pavarotti

12 Berta Griese (Hammerklavier) und Hajo Scholz (Stehbaß)

13 Mundharmonika, und zwar meist, wenn er besoffen war.

14 Stimmt. ›Fis‹ ist aber auch fies, oder?

15 ›Es gibt Nächte ...‹ – Ja, aber glücklicherweise folgen darauf wieder Tage

16 ›Die Reise nach Jerusalem‹ – Kenn' Sie doch, oder? Wer keinen freien Rollstuhl mehr findet, wenn die Musik aufhört, muß stehen bleiben.

17 ›Ännchen von Tharau‹; die Schwester von Radrennfahrer Didi Thurau?

18 Don Quichote

19 ›Der Kontrabaß‹

20 Das ›Valentin-Musäum‹ in München. Scheint aber rein stimmungstechnisch nix viel zu helfen.

14 Freizeit & Sport – Nach getaner Arbeit

Zugegeben: So furchtbar viele Steckenpferde werden in der Lindenstraße nicht gepflegt. Die Menschen haben zuviel mit Ihrem selbstgestrickten Schicksal zu hadern. Und wenn nicht, fehlt für ein Hobby entweder das Geld – oder der Geist. Meistens aber beides. Trotzdem kommt bei einigem Nachdenken so einiges zusammen, was den gewöhnlichen Lindensträßler davor bewahrt, in seiner freien Zeit über sein verpfuschtes Leben nachzudenken: Wenn auch nicht Macramee & Töpfern, Batikdruck & Tiffany, so doch . . . ?

1 Was war Gottlieb Grieses liebstes Hobby?

2 Was ist das Lieblingsspiel von Christoph Bogner?

3 In welcher Sportart glänzte in frühen Jahren Tanja Schildknecht? ☐ Tennis, ☐ Squash, ☐ Matratzensport.

4 Wer hat einen Heimtrainer in Form eines Rudergerätes in der Wohnung? Und: Hilft es?

5 Welche Familienverbände entschlossen sich zwischenzeitlich zu gemeinsamen Jogging-Läufen?

6 Iffi Zenker will unbedingt zum Zirkus, in der Wohnung aber ist kein Trapez. Was macht Iffi stattdessen?

7 Dominique ist fein und dünn. Trotzdem betreibt sie zu zackiger Musik . . . ?

8 Was bauten Hajo & Manoel am Ostersonntag 1991 endlich fertig?

9 Sein Hobby: Karotten-, Kaninchen- und Kikeriki-Zucht. Seine Philosophie: Alternatives Leben auf Kosten anderer. Sein gefürchteter Schnorrername?

Lösungen 14. Runde

1 Segeln

2 Schach

3 Tennis

4 Egon Kling. Und: Wer weiß, wie er sonst aussähe?

5 Die Schildknechts & die Beimers

6 Sie bleibt auf dem Teppich: Bodenturnen

7 Aerobic

8 Hajos Modellbau-Flugzeug, genannt ›Berta‹. Zusatzfrage für absolute Cräcks: Wie lange brauchte Hajo insgesamt zur Fertigstellung seines Modellflugzeuges? ... 279 Stunden

9 Zorro Pichelsteiner

10 Er bastelte nicht nur leidenschaftlich gern Holzspielzeug, er verdiente auch noch gutes Geld damit.

11 Seltsames Hobby: Plötzlich war sie so mit Geist erfüllt, daß sie ein dickes Kreuz am Hals tragen mußte, damit die anderen das auch alle sehen.

12 Er ist Jungfilmer und dreht einen ›witzigen‹ Videofilm, in dem er seine eigene Mutter und ihre Küchentricks dokumentiert.

13 Er gewinnt bei einem lausigen Fotowettbewerb noch nicht mal einen Trostpreis, obwohl er ganz großkotzig ein ›Atelier‹ für 100.000 Mark zahlbar im voraus angemietet hatte.

14 Meditation und die Kunst der Selbstverteidigung pflegt er und will es Anna Ziegler nur zu gern auch beibringen.

15 Ihr Hobby: Dagegensein. Für welche goldrichtige Aktion flogen Benny & Kornelia von der Schule?

16 Herr Eisenbeiß, den die vereinsamte Helga Beimer über eine Annonce kennenlernte, hat Vorlieben, die Helga nicht teilt. Welche?

17 Wer in der Lindenstraße hielt sich ein Aquarium und das auch noch sauber?

18 Wie hieß Klausis erstes Hundchen?

19 Sein Hobby: Politik. Sigi Kronmayr war als erster in der Lindenstraße Mitglied einer rechtsradikalen Vereinigung. Der Name der Gruppe?

20 Sein/Ihr Hobbygerät ist das Modell ›P 80 X‹ einer berühmten italienischen Motorroller-Marke, keiner kennt seinen/ihren Namen, aber er/sie betreibt es eisern in jeder Folge. Na?

10 Benno Zimmermann

11 Marion Beimer

12 Benny Beimer. Und der Titel des Filmchens? ... ›Wie mogel' ich beim Kochen‹

13 Stefan Nossek

14 Gung

15 Sie hängten ein Transparent gegen Atomkraft aus dem Klassenzimmerfenster.

16 Pfeifen. Nicht die mit Geräusch, sondern die mit Rauch.

17 Benno Zimmermann

18 ›Beimer‹

19 Wikingergruppe

20 Der/die unbekannte VespafahrerIn im Abspann.

15 Skandal! Skandal! - Des Spießers Wunderhorn

Ein Skandal im Lindenstraßen-Alltag ist nicht, was Else Kling entsetzt. Ein Skandal in der Lindenstraße, das ist, was die ganze Nation entsetzt. Die hat zwar genug eigene Skandale, aber sind die auch nur annähernd so schön, so offensichtlich und vor allen Dingen so unglaublich skandalös wie die skandalösen Skandale in der Lindenstraße? Sind sie eben nicht. Ab geht die Pest! Laßt uns einen Blick in die unmenschlichen Abgründe tun . . .

1 Wer wurde in Frankreich von seiner Ehefrau mit einer jungen Frau in der Koje erwischt?

2 Wer hatte mit Mutter und Tochter gleichzeitig eine Bettgeschichte?

3 Huch – Homosexualität! Männer küssen sich und mehr! Nun ja, wer's mag . . . Viel wichtiger: Wo haben sich Robert Engel und Carsten Flöter eigentlich kennengelernt?

4 Wie wurden die vielberedeten und leider nie gesehenen Videoaufnahmen von Tanjas Striptease vernichtet und wer schaute dabei in die Röhre?

5 Wen verdächtigte Stefan Nossek, heimtückisch und hinterrücks auf ihn geschossen zu haben?

6 Nossek ist nicht der erste, der ein halbbekleidetes Mädchen in einer etwas außergewöhnlichen Situation mit der Videokamera belauscht. Wer filmte bereits vorher wen?

7 Einem schweizer Geschäftsmann war Tanjas Muschi so begehrenswert, daß er ihr wieviel Mäuse dafür bot?

8 Welches viel- bis allessagende Symbol ziert den Allerwertesten von Robert Engel bis auf weiteres?

1 Gottlieb Griese von Berta. Und wo, bitte, war das nochmal genau? ... Genau: Grieses Segelschiff ankerte an der Kanalbrücke von Briare. – Kann man sich noch unwichtigere Dinge merken?

2 Stefan Nossek: zu einem zeitgleichen Dreier, genannt Dreierbob, kam es jedoch leider nicht.

3 Auf dem Internat

4 Im Backofen. Stefan Nossek und Franz Schildknecht.

5 ›Concordias‹ Tennisclub-Präsidenten Benninger

6 Benny filmte die betrunken daliegende Chris Barnsteg.

7 200 DM. War dann aber doch alles rein platonisch.

8 Die Ratte, die Urzula & Beate diesem Allerwertesten aus Rache auf den Arsch tätowierten.

9 Bildet die Lindenstraße die Realität ab oder die Realität die Lindenstraße? – Wer zündete Enricos Pizzeria an?

10 Welchen Namen seufzte Hans Beimer im Schlaf laut und deutlich vor Helgas weitaufgerissenen Ohren?

11 In welcher Stadt hatte Helga daraufhin einen traurigen ›One Night Stand‹?

12 Wie lautet der Name ihres kriminellen Stechers und wie die offizielle Bezeichnung für seine fiese Tat?

13 Mit wem flirtete Helga auch ganz ungeniert im Beisein von Hans?

14 Sie sieht aus, als könne ihr keine Fliege was zuleide tun, doch welches dunkle Geheimnis hat Claudia Rantzow?

15 Man kann nicht von ›lesbisch‹ reden, aber wenn man sich's wenigstens denken möchte: Welche beiden jungen Frauen rückten unter einer Bettdecke schon mal eng zusammen und ›kuschelten‹ ganz, ganz doll?

16 Skandal einmal verkehrt herum: Carsten findet seinen besten Freund im Bett mit einer Frau – igitt! Der Name von Robbis Perversion?

17 Thema ›Drogen‹: Weiche Droge, harte Droge – ganz egal. Welche drei Namen garantierter ›User‹ fallen uns dazu ein?

18 Unzucht mit Abhängigen? Warum nicht? Öfter mal was Neues! Wer in der Lindenstraße konnte sich dessen rühmen?

19 In welcher Lindenstraßen-Familie ereignete sich ein schwerer Fall von Inzest?

20 Prost! Das Leben ist trostlos, besonders in der Lindenstraße. Welche zwei Protagonisten fanden Trost bei der Flasche und hingen eine Zeitlang fest an ihr fest?

9 Die feigen ›Provos‹

10 »An-na! . . . «

11 In der Stadt der simulierten Liebe: Paris

12 Jan Sautier; er beging an Helga Beimer gemeinen ›Beischlafdiebstahl‹.

13 Mit Herrn Lösch, einer Urlaubsbekanntschaft

14 Sie hat ihren Bruder an die Stasi verraten.

15 Die Urschula & die Beate

16 Flora

17 Chris Barnsteg (Kiffen) / Frank Dressler (Drücken) / Valeria Zenker (1x und nie wieder)

18 Vera Sash mit ihrem Ex-Schüler Celin Kern

19 Bisher noch in keiner. Obwohl einige Lindensträßler so aussehen, als wären sie selbst nicht viel anders gezeugt.

20 Herr Dressler & Frau Barnsteg. Und wonach bitte schmeckte der jeweilige Flascheninhalt? . . . Bei Ludwig nach teurem Cognac, bei Chris nach billigem Gin.

16 Krankheiten & Katastrophen – Blut und bleibende Schäden

»Hauptsache gesund!« gilt als Philosophie in der Lindenstraße schon mal gar nichts. Wenn man kein Zipperlein hat, worüber soll man denn dann reden? Über das Zipperlein vom Nachbarn. So kippt es unsere geliebten Geisteskranken hin und her im Getümmel der Körperschwächungen, und keine aktuelle Krankheit wird unausprobiert gelassen, kein Unfall, keine Katastrophe kommt an ihnen vorbei. Die Folge: Kurze Auas und bleibende Dachschäden. Na und? Hauptsache, man kann mitreden! Gedenken wir also der bisherigen Halbleichen – und reden wir auch mit ...

1 Gleich in der 1. Folge der Lindenstraße verletzt sich jemand ganz böse. Wen trifft es?

2 Ebenfalls in der ersten Lindenstraßen-Folge hatte Klausi eine Krankheit. Welche?

3 Warum war Nossek auf einem Auge blind?

4 Auf welchem Wege wurde Benno Zimmermann mit dem tödlichen Aids-Virus infiziert?

5 Woran war Claudia Rantzow schwer erkrankt?

6 Wieso wurde bei der 14jährigen Tanja Schildknecht eine medizinische Untersuchung auf ihre Jungfräulichkeit angeordnet?

7 Bis auf einen Oberschenkelhalsbruch und einen simulierten Schwächeanfall eigentlich immer bedauerlich gesund. Wer?

8 Was ist eigentlich ›Anorexia nervosa‹ und wer litt so lange an ihr?

9 Wer wurde beim Kuchenessen von einer Wespe in den Hals gestochen?

1 Marion Beimer, die Vasily bei einer Schlägerei beistehen will.

2 Masern. Die Pest hätte uns viel erspart.

3 Klaus›i‹ Beimers Luftgewehrschuß ging genau da hin, wo Luftgewehrschüsse einer uralten Eltern-Sage nach immer hingehen: ins Auge! Und das als Abpraller von einem Verkehrsschild hinein in ein fahrendes Auto!

4 Durch eine Blutübertragung

5 An Brustkrebs

6 Weil man wissen wollte, ob sie ›mehr‹ als einen Striptease ›hingelegt‹ hatte.

7 Franz ›Onkel‹ Wittich

8 Dominique Mourrait, an der Magersucht

9 Manoel

10 Rosi Koch verbrannte sich mit heißer Suppe einen untersten Körperteil, und zwar den ... ?

11 Woran litten die Beimers und die Hütthusens nach einem gemeinsamen Fischessen einmal kurzfristig?

12 Was brach sich Helga Beimer beim Skilaufen?

13 Warum mußte Benny die Hand verbunden werden?

14 Wer wird von Neofaschisten krankenhausreif geschlagen?

15 Wer war in der Lindenstraße ›scheinschwanger‹?

16 Warum riet Dr. Dressler Chris Barnsteg zu einer Abtreibung?

17 Als Helga von Hans' Seitensprung erfährt, wird sie von welcher schweren Krankheit ans Bett gefesselt?

18 Wer in der Lindenstraße war bereits in psychotherapeutischer Behandlung?

19 Und wer wenigstens schon mal in Therapie?

20 Zum Schluß noch was ganz, ganz Schlimmes: Lydia Nolte hatte erhöhte Zuckerwerte. Stimmt das?

10 Fuß

11 Nein, nicht an einer Fischver-, sondern an einer Salmonellenvergiftung

12 Leider nur ein Bein, das andere brach sich aus Solidarität Hansemann

13 Er griff in die Schublade von Onkel Franz, in der eine einsatzbereite Rattenfalle lauerte.

14 Carsten Flöter

15 Elfie Kronmayr

16 Weil Chris Barnsteg alkoholabhängig war

17 Von einer Grippe. Naja, sie ist halt besonders sensibel.

18 Friedhelm Ziegler

19 Berta Griese. Und in Chemotherapie? ... Meike Schildknecht

20 Ja

Gekreuzigt & Gestorben – Tote in der Lindenstraße

Das künstliche Leben in der Lindenstraße macht vor nichts halt, noch nicht einmal vor dem künstlichen Tod. In der Lindenstraßen-Geschichte wimmelt es nur so von echten & Scheintoten, von halbgar versuchten und voll gelungenen Selbstmorden. Nun ja, man muß diese Menschen verstehen: Das Leben als Lindensträßler ist wirklich nicht besonders lebenswert. Besonders, da das Urteil auf ›Lebenslänglich‹ lautet. Und auf lebenslang Lindensträßler sein zu müssen, wer kann das ohne Murren ertragen? Wenn also im Fernsehen einer nebenbei murrt: »Ich glaub', ich steig aus!« – dann heißt es aufgepaßt! So, wie das Schicksal in der Lindenstraße geschrieben wird, wird er demnächst mit 90%iger Sicherheit von einem Auto ermordet ...

1 Wer war der erste Todesfall in der Lindenstraße? Name, Folgennummer und Todesursache, bitte.

2 Wo liegt das Familiengrab der Schildknechts?

3 Wieviele Personen der ehemals 5-köpfigen Schildknecht-Familie leben noch?

4 Wie starb Friedhelm Ziegler?

5 Wo erwischt es Stefan Nossek?

6 Und warum lief Nossek so seltsam blind in den Tod?

7 Wie hieß noch Marions Freund, der bei der gemeinsamen Radtour in Österreich überfahren wurde?

8 Und wo und wie starb Benno Zimmermann?

9 Die Geschichte ›Der Tod und die Haselbärchen‹ erzählt eine Figur, die nach der Geschichte stirbt. Wer ist es?

Lösungen 17. Runde

1 Joschi Bennarsch, Folge 50, Herzinfarkt

2 Auf dem ›Waldfriedhof‹ in München

3 Tanja ist die Einzige

4 Selbstmord durch Erhängen, Hans findet ihn im Flur von Annas & seiner Wohnung.

5 Auf der Lindenstraße durch Überfahren, auf dem Weg zum Champagnerholen als glücklicher, werdender Vater

6 Weil er in der Tat fast blind war.

7 Thomas Beck

8 In einem Berggasthof in Gabis Armen, und es – Schnief! – schneite dabei. Seine letzten Worte: »Gut' Nacht, Gabi.« Ihre letzten Worte: »Gut' Nacht.« – Na denn: Gut' Nacht.

9 Joschi Bennarsch; die Geschichte ist auch gleichzeitig der Titel dieser Folge.

10 Wie kam Elisabeth Dressler ums Leben?

11 Wie viele Blumen legt Dr. Dressler jedes Jahr zu Elisabeths Geburtstag auf ihr Grab?

12 Welches Bild malte Meike Schildknecht für Philo Bennarsch?

13 Woran starb Balthasar?

14 Wie hieß und starb Beimers zweiter Hund?

15 Wie stirbt der Vater von Beate?

16 Was war so tragisch an dem Selbstmord von Henny Schildknecht?

17 Und was war so untragisch an dem versuchten Selbstmord von Philo Bennarsch?

18 In welchem Jahr starb Meike Schildknecht und wie alt war sie da?

19 Wo fand man den steifgefrorenen Franz Schildknecht?

20 Einen Herztod stirbt fast jeder mal, aber wen erwischte er in Nairobi?

10 Durch einen Autounfall in Griechenland zusammen mit Beate, die dabei ihre Leibesfrucht verliert. Doppeltod also sozusagen.

11 46; so alt wurde sie nämlich.

12 ›Joschi im Himmel‹. So auch der Titel der Folge.

13 Er wurde geschlachtet. Balthasar war ein Hase.

14 Esther; er wurde vergiftet.

15 Wie alle überflüssigen Menschen im Lindenstraßen-Milieu: Durch einen Autounfall.

16 Sie wollte eigentlich gar nicht sterben dabei, es war nur ein ›seelischer Hilferuf‹.

17 Sie versuchte es allen Ernstes mit Luftanhalten.

18 1987 / 11 Jahre, wäre fast 12 geworden, 2 Monate fehlten.

19 Hinter dem Wohnwagen; seltsamerweise mußte er dort eine Woche unbemerkt herumgelegen haben.

20 Isolde Pannowaks Ersten, Hubert Pannowak, im April ’87

18 Räuber & Gendarm – Klein- & Großkriminelles

So eine gerade Straße – und so viele krumme Wege. Sie sind fast das Menschlichste an diesem geklonten Universum: Die Unehrenhaftigkeiten, die unentdeckten Fehltritte, die großen Leichen in den kleinen Kellern. Die Polizei ist Stammgast auf jener Meile, aber meist wird sie vom Personal selbst gerufen. Denn wenn die Lindensträßler als echte nachgemachte Deutsche eines nicht können, so ist es, die Suppe selbst wieder auszulöffeln, an der sie alle so unentwegt und eifrig sitzen und tüchtig einbrocken. Doch, Hand auf's Herz, vorbestraft oder nicht vorbestraft: Es sind und bleiben doch Menschen wie Du und nicht ich . . . oder?

1 Für welche von diesen Verbrechen wurde Robert Engel gesetzlich belangt?
- ☐ Betrug (7.000 Mark von Carsten),
- ☐ Dealen (Heroin),
- ☐ Körperverletzung (Frank Dressler).

2 Wer mißhandelte Robert Engels Körper ungestraft derart, daß man schon von ›Körperruinierung‹ sprechen konnte?

3 In welcher Tarnverpackung schmuggelt Egon Kling im Auto Videorekorder nach Griechenland?

4 Wegen Vergewaltigungsversuch an Anna wurde Friedhelm Ziegler zu acht Monaten Haft verurteilt, Zorro hingegen durfte wegen ›Totalverweigerung‹ wielange im Knast sitzen?

5 Von wem wurde Lydia Nolte – wenigstens vorübergehend – um einige wertvolle Schmuckstücke erleichtert?

6 In Folge 40 werden Helga & Hans auf die Polizeistation gebeten. Warum?

7 Wer läßt sich bei einer Demo von Polizisten ein Stückchen wegtragen?

Lösungen 18. Runde

1 Rechtskräftig angeklagt und verurteilt wurde er nur für den Verstoß gegen das Rauschmittelgesetz.

2 Andy Zenker, nachdem er erfahren hatte, daß Robert Walze ans Heroin führen wollte.

3 In Eiernudelkartons

4 Über ein Jahr. Wir nennen das ›Rechtsstaat‹.

5 Von Benno Zimmermann; und zwar in Folge? . . . 47

6 Sie sollten einen toten Jungen identifizieren, dessen Beschreibung auf Benny paßte.

7 Natürlich Chris Barnsteg

8 Der kleine Klausi Beimer wird von der Polizei nach Hause gebracht. Warum?

9 Was findet die Polizei im ›Akropolis‹ in den Eiernudelkartons?

10 Wer will mit einer gefälschten Unterschrift an ein Konto kommen?

11 Wer wird vor Dresslers Villa von der Polizei geschnappt?

12 Was erzählte Bianca Guther der Polizei?

13 Warum verhörte die Polizei Henny & Franz Schildknecht?

14 Was betrieb Stefan Nossek in seinem Atelier?

15 Onkel Franz machte verschiedene Aktionen gegen das ›Akropolis‹, um die Lindenstraße »Ausländerfrei« zu bekommen. So ›vergiftete‹ er u.a. einmal das Essen. Wodurch verriet er sich?

16 Welches war der bislang härteste Fall von Fahrerflucht in der Lindenstraße?

17 Was exportierten Dr. Kirch und die Firma Merkel & Co. illegal ins Ausland?

18 Eine Anzeige wegen ›Unterlassener Hilfeleistung‹ fing sich Dr. Dressler ein. Wer zeigte ihn an?

19 Die Entführung aus der Lindenstraße: Wie lange war Anna Ziegler verschwunden und wo wurde sie gefangengehalten?

20 Wer wird in Dr. Dresslers Praxis von einem ›Einbrecher‹ niedergeschlagen?

8 Er wurde beim Klauen erwischt.

9 Tja: Eiernudeln. Wie sich das gehört.

10 Isolde Pannowak an das Konto ihres Mannes.

11 Dimitri, Elenas Bruder

12 Daß Nossek den Tennisclubpräsidenten Benninger erpreßte.

13 Weil Tanja Stefan Nossek wegen der Videoproduktion anzeigte.

14 Illegales Glücksspiel

15 Beate fand beim Saubermachen eines seiner Spazierstock-Abzeichen.

16 Vasily überfährt Dressler und läßt ihn schwerverletzt liegen, weil er heißes Diebesgut an Bord hat.

17 Giftmüll, deklariert als Katastrophenschutzmaterial

18 Elisabeth Flöter

19 Friedhelm Ziegler hielt sie 5 Monate im Keller gefangen.

20 Else Kling. Und womit schlug dieser Samariter leider nicht fest genug zu? ... Mit einem Bügeleisen, richtig. Er hätte wohl doch besser einen Amboß nehmen sollen.

19 Zugezogen, Umgezogen, Ausgezogen – Das ewige Kommen & Gehen

Man nennt die heutige Gesellschaft ›Die mobile Gesellschaft‹. In Wirklichkeit ist sie nur nervös und rastlos. Sehr verständlich: Wer möchte schon in der Lindenstraße geboren werden, siebzig Jahr' dort vor sich hinvegetieren und dann auch noch da sterben? Hand auf die Hose: Beim ›Akropolis‹ tot über'm Gartenlokalzaun hängen – wer will das schon? Deshalb hauen Lindensträßler ab, wenn sie können und kommen nur zurück, wenn sie müssen. Oder es kommen ganz neue Menschen hoffnungsfroh dazugezogen. Weil sie eines nicht getan haben, was wir immer tun: Fernsehen und uns informieren!

1 1988. Abschied im Advent: Ein Mann mit Bart verläßt für immer die Lindenstraße. Wer?

2 Begrüßung zu Weihnachten (1988): Sie kommen aus Peine und so sind sie auch. Welches peinigende Paar beschließt, für immer in die Lindenstraße zu ziehen?

3 Andy Zenker verläßt Frau und Kinder und Taxi und Alltag und setzt sich ab nach . . . ?

4 Carsten Flöters neuer Untermieter in Folge 141 ist ein zotteliger, ungepflegter junger Mensch, der von Folge zu Folge noch zotteliger, ungepflegter und anstrengender werden wird. Wer?

5 Wann zogen die Hoffmeisters in die Lindenstraße? Monat und Jahr reichen.

6 Die Eltern von Urzula, die Wanicki, sind wohin gezogen?

7 Wo studierte Carsten Flöter Medizin?

8 Wer kam aus Afrika in die Lindenstraße?

1 Gottlieb Griese

2 Rosi & Hubert Koch

3 . . . Spanien; Iffi und Walze waren einmal zu Besuch da, viel zu erzählen gab es nach der Rückkehr aber nicht. Andy bleibt eben auch im Ausland der alte: Langweiler.

4 Zorro

5 August 1991

6 Zu den Wiesenhubers auf den Berghof

7 Sydney/Australien

8 David Motibe

9 Warum zog Jo Zenker aus der WG aus?

10 Robert Engels Weg aus der Lindenstraße ging direkt . . . ?

11 Wo wollte Hans Beimer einmal ein deutsches Internat leiten?

12 Zu wem zog Henny Schildknecht kurzfristig?

13 Wo lebte der erste Mann von Isolde, Hubert Pannowak?

14 Wo lebt Phil Seegers?

15 Und wo lebte Wolf Drewitz?

16 In welche Stadt zog Frank Dressler?

17 Welchen Raum nahm Benny für sich in Beschlag?

18 Wohin entschwanden die Kronmayrs?

19 Wohin und zu wem wollte Manoel abhauen, als keiner mehr zu Recht mit ihm spielen will?

20 Lindenstraße ade! Nun lebt und arbeitet sie glücklich ›als Maskenbildnerin an einem kleinen Theater in Ulm‹. Wer?

9 Weil er in Gabi verliebt war.

10 . . . in den Knast

11 In Portugal

12 Zu Stefan Nossek

13 In Afrika. Genauer gesagt in Kenia.

14 In den USA

15 In Darmstadt

16 Celle

17 Den Hobbykeller, weil er aus Klausis Mief verschwinden wollte. Zusatzfrage: Mit wem teilte Benny diesen Raum für ein paar Wochen? . . . Mit Beate.

18 Nach Rosenheim. Und wer zog in die freigewordene Wohnung der Kronmayrs? . . . Beate & Vasily.

19 Nach Garmisch zu Oma Lydia

20 Bianca Guther

20 Multikulti – Auswärtige & Fremdländisches

Von Kultur kann in der Lindenstraße eh nicht die Rede sein, da kommt es auf ein bißchen Multikultur weniger dann offenbar auch nicht mehr an. Deshalb ist man großzügig, tolerant bis zum Geistesstillstand und liebt die Ausländer ganz, ganz doll. Bis auf einige Ausnahmen unter den lieben Ausländern, versteht sich. Ja, es soll Menschen gegeben haben, die inständig darum flehten, doch wenigstens dem mexikanischen Trübsalmonster einfach mal den Dialekt abzustellen... doch das hat sich ja nun von allein geregelt. Das restliche multikulturelle Zusammenleben in der Lindenstraße ist eitel Harmonie wie aus dem deutschen Schullehrbuch. Bis auf den dazugehörigen Nationalrassismus natürlich...

1 Isolde Pavarotti ›taufte‹ ihren Enrico nach einem bekannten Automodell einer ausländischen Marke. Welcher?

2 Gung Pham Kien ist ein Bürger welches Landes?

3 Woher stammte Dominique?

4 Wer war in der Folge 281 ›Der Bure‹?

5 Aus welchem Staat stammt der Afrikaner David Motibe?

6 Auch Deutsche sind manchmal Ausländer: Woher kamen denn zum Beispiel Berta Griese und Lydia Nolte?

7 Und welches Paar stammte aus Böhmen, der heutigen Tschechei?

8 Aus welcher Stadt in welchem Land kam Manoel in die Lindenstraße?

9 Und wo ist Manoel jetzt?

Lösungen 20. Runde

1 Fiat-›Topolino‹. Etwa, weil Enrico manchmal wirklich wie ein Auto kuckt?

2 Vietnam

3 Aus Fronkreisch / Parih

4 David Motibe

5 Aus Südafrika

6 Aus Litauen

7 Die Bennarschs

8 Aus Mechiko City / Mechiko; doch das Temperament hatte er anscheinend daheimgelassen.

9 Im Inter-na-hat!

10 Viele Nationalitäten sind oder waren in der Lindenstraße schon einmal vertreten: Italiener, Griechen, Afrikaner, Vietnamesen, Mexikaner, Franzosen, Polen, ja, sogar Bayern – doch gab es jemals auch tätige Türken in der Lindenstraße?

11 Enricos Pizza hat unangenehmen Besuch. Deutschstämmige Untermenschen, die nicht gut finden, daß Enrico zwei Sprachen mehr sprechen kann als sie selbst: italienisch perfekt und deutsch fließend. Wer?

12 Ist das noch fair? An diesem Liebes-Trio waren keinerlei Deutsche beteiligt: Urzula verließ Gung wegen ...?

13 Rassismus umgekehrt: »Wie kann man bloß ein deutsches Mädchen heiraten!« Fand ...?

14 Er ist der geborene Sündenbock: Sogar von Dr. Dressler, den er locker umtreten könnte, läßt er sich demütigen & beschimpfen. Wer?

15 Er arbeitet still und stetig bei der Post. Deutscher geht's eigentlich nicht. Wer?

16 Was würde Vasily erwarten, wenn er zurück nach Griechenland ginge?

17 Warum wollte Iffi eigentlich unbedingt ›französisch‹ lernen – also: die französische Sprache?

18 Über welche gesangliche Darbietung von Isolde Pavarotti regten sich zwei Neo-Faschisten auf?

19 Deutsche diffamieren, das können auch die Ausländer: Wer denkt von Beate, daß sie eine Hexe sei?

20 Und warum in aller Welt nahm dann Rassisten-Schwachkopf Franz Wittich den ›Black Gentleman‹ David Motibe bei sich auf?

10 Ja: Marion & Vasily geraten in Folge 1 in eine Schlägerei mit gewalttätigen türkischen Jugendlichen.

11 Die tumben ›Provos‹

12 David Motibe

13 ... Elena Sarikakis angesichts der Liebe ihres Sohnes zu Beate Flöter.

14 Vasily Sarikakis, das wandelnde schlechte Gewissen.

15 Gung

16 Das Militär

17 Sie wollte unbedingt zum Zirkus.

18 Isolde sang ein Lied in jüdischer Sprache.

19 Elena und ihre anderen griechischen Hexenweiber

20 Nur aus lauter Liebe zu Amelie von der Marwitz – und weil er dachte, David sei ›Bure‹.

21 Wer sagte? – Zitate wie aus Holz geschnitzt

Der Lindensträßler redet viel, wenn die Woche lang ist. Leider, leider dauert sie immer nur 30 Minuten. Doch trotzdem weiß man meistens schon vorher, was der oder die oder das gleich sagen wird. Beziehungsweise antworten. Ist diese Art von Unterhaltung vielleicht das Geheimrezept der sogenannten ›gutgemachten TV-Unterhaltung‹? – Wer weiß? Wahrscheinlich. – Doch *wenn* sich einmal ein Satz aus diesen Marathon-Geplapper aus Klatsch und Tratsch und Treppenhaus-Smalltalk erhebt, dann merkt man ihn sich auch für *immer.* Oder?

1 Die allererste Folge – und schon eine düstere Vorahnung für die Zukunft der Lindenstraße. Wer fragte: »Wann hören wir jetzt endlich auf?«

2 Wer riet dem Asiaten Gung, »erst mal anständig deutsch zu lernen!« und ließ es selbst dabei bewenden, Enrico Pavarotti stets nur »den Herrn Sarotti« zu nennen?

3 Wer liebesflüsterte: »Isch ’abe es noch nie gemacht!«

4 Wer stellte treffend fest: »Operative Hektik ersetzt geistige Windstille.«

5 Wer laberte: »Die menschliche Seite der Wiedervereinigung ist zu kurz gekommen!«

6 Wer versprach: »Ich werde nie etwas tun, was gegen unsere Familie wäre.«

7 Wer naseweiste: »Die Scheidung ist die einzige Rettung für Dich!«

8 Wer stotterte: »Du b-b-bevorzugst also solche G-g-grübelmonster wie mich?«

9 Wer lallte: »Manche Zeiten sind sowieso nur besoffen zu ertragen.«

Lösungen 21. Runde

1 Benny Beimer, 13, angelegentlich der adventischen Hausmusik. Die Antwort wissen wir heute: Nie.

2 Else Kling

3 Dominique Mourrait zu Matthias Steinbrück

4 Zorro Pichelsteiner, damit Hubert Koch meinend

5 Matthias Steinbrück zu Helga B.

6 Hans Beimer zu seinem Sohn Benny

7 Marion Beimer zu ihrer Mutter Helga.

8 Hajo Scholz zu Berta Griese

9 Franz Schildknecht. Zu wem? Na, hauptsächlich wohl zu sich selbst.

10 Wer ätzte: »Sag mal, hast Du Angst, daß Du Kernschmelze kriegst, wenn Du mich ansiehst?«

11 Wer log: »Ich . . . ich habe noch nie eine Frau getroffen, die mich so verwirrt hat wie du!«

12 Wer jammerte: »Aber ich hab' doch nur das Bes-te gewollt! Im-mer!!!«

13 Wer staunte: »Ich hätte nie gedacht, daß mir sowas passieren könnte!«

14 Wer kitschte: »Du hast mir geholfen, meinen Schmerz zu besiegen. Ich bin dir dankbar. Aber ich liebe dich nicht.«

15 Wer erkannte: »Da, wo andere Leute 'n Charakter haben, hat der 'ne Müllkippe.«

16 Wer gestand: »Aber – ich hab' doch noch nie einen anderen Mann gehabt außer Deinem Vater!«

17 Wer sang: »Uralter Muff und doch immer neu, Lindenstraße, wir bleiben dir treu . . . «

18 Wer schwor: »Den Rest meines Lebens in der Lindenstraße, nein danke!«

19 Wer schmalzte: »Wir sind wie zwei Königskinder, nur daß der Fluß ein Flughafen war.«

20 Und wer sprach die größte Wahrheit gelassen aus: »Ist schon merkwürdig, was für Kreaturen alles in so 'nem Haus zusammenwohnen.«

10 Chris Barnsteg in der Badewanne zum verlegenen Gung

11 Jan Sautier zu Helga Beimer in Paris.

12 Helga Beimer, nachdem sie Hans mit der heimlichen Geld-Transaktion in den Ruin getrieben hatte.

13 Hans Beimer, nachdem er sich definitiv in die Ziegler'sche verknallt hatte.

14 »Denn ich liebe nur mich«, hätte sie noch anfügen können: Nina Winter zu ihrem Ex-Ludwig

15 Chris Barnsteg über Phil Seegers

16 Helga Beimer zu Tochter Marion vor ihrem Pariser Seitensprung

17 Enrico und Isolde als Duo im ›Akropolis‹ vor dem Tourneestart.

18 Helga Beimer zu Hans, während sie ein Häuschen suchten.

19 Kurt Sperling zu seiner Dr. Eva-Maria, nachdem sie sich angelegentlich ihres ersten Wiedersehens nach Jahren mehrfach verpaßt hatten.

20 Joschi Bennarsch

22 Return To Sender – Briefe aus der Lindenstraße

Zeitweilig kommt es in der Lindenstraße sogar zu Ansätzen einer uralten Hochkultur: Einer *schreibt* sein Herzblut auf, der Postbote trägt das Briefchen über die Straße und der andere *liest* und lacht sich tot. Oh, viele bisherige Dumm- und Gemeinheiten sind mittlerweile glücklicherweise vergessen, doch einiges haben wir bedauerlicherweise schwarz auf weiß: Briefe von Lindensträßlern, die zu sehr lieben! Voilà! Wem da nicht das Herz bricht, der hat keins...

1 Wer schreibt Marion Beimer und berichtet, daß die Liebe zu einer gewissen Person nun ›gefestigt‹ sei?

2 Wer schrieb einen halbherzigen Abschiedsbrief und ging dann wirklich für immer?

3 Wer schrieb Matthias Steinbrück einen Brief, in dem der Schreiber droht, den Bischof über die Beziehung Matthias / Marion zu informieren?

4 Wer schrieb einen leidenschaftlichen Liebesbrief an seine eigene ›Mutter‹?

5 Worum bittet Friedhelm Anna einmal in einem Abschiedsbrief?

6 Manoel schreibt Iffi einmal einen Liebesbrief. Stimmt oder stimmt nicht?

7 Berta findet einen Brief, in dem sich eine Frau auf das Wiedersehen mit ihrem Gottlieb freut? Berta schäumt und die Frau heißt...?

8 Als Dressler von Vasily überfahren wird, war er gerade auf dem Weg zum Briefkasten. Für wen war der Brief, den Dressler in der Hand hielt, bestimmt?

1 Mutti Beimer

2 Henny Schildknecht

3 Matthias selbst. Ja, was so ein echter, christlicher Selbstankläger ist... Bleibt nur die Frage: noch schizophren oder schon trizophren?

4 Celin Kern, der Vera Sash für seine Mutter ausgab.

5 Er bittet, Sarah nicht zu erzählen, was er gemacht hat.

6 Nein. Seit wann können Monster schreiben?

7 ... Laura

8 Nina Winter

9 Wer hinterläßt wem eine Nachricht auf dem Kopfkissen, dahingehend lautend, er oder sie werde nie wiederkommen?

10 Zorro schickte seinem Bruder einmal einen ›Gebühr bezahlt Empfänger‹-Brief. Stimmt das, oder stimmt das nicht?

11 In einer Folge versteckt Dominique einen Brief und ein Stück Kuchen unter dem Bett. Stimmt das oder stimmt das nicht?

12 Helga schreibt einmal einen Brief, in dem sie ganz richtig feststellt, daß ihr Leben keinen Sinn mehr hat. Wer bekommt diesen überflüssigen Brief?

13 Isolde bekommt einen Brief von ihrem Produzenten. Drinnen ist
☐ ein Liebesbrief, ☐ der Schallplattenvertrag,
☐ eine Kündigung.

14 Vasily und Beate kündigen Elena einen Besuch per Postkarte an. Stimmt das?

15 Helgas Beischlafdieb in Paris ließ auch alle ihre Papiere mitgehen. Er schickte diese Helga jedoch in einem Anflug von Anstand zurück. Stimmt das?

16 Onkel Franz schreibt wegen eines angeblichen Enthüllungs-Romans einen Brief an den Staatsanwalt. Was will er erreichen?

17 Helga Beimer bekommt eines Tages einen Haufen Briefe und zieht sich damit in das Schlafzimmer zurück. Was sind das für Briefe?

18 Die Bundespost startet eine Briefmarken-Sonderserie zur Lindenstraße. Welche Lindensträßler werden auf den Briefmarken zu sehen sein?

19 Wer macht sich lustig über einen Liebesbrief von Benny und liest ihn auch noch seiner doofen Schwester Marion vor?

20 Last, but not least: Wo eigentlich in der Lindenstraße befindet sich der Briefkasten, in den fleißige Schreiber ihre Briefe einwerfen können?

9 Else hinterläßt sie Egon; leider nur eine hohle Drohung.

10 Nein. Seit wann können Zombies schreiben?

11 Ja. Den Brief will sie wahrscheinlich später essen und den Kuchen dabei in aller Ruhe durchlesen.

12 Marion; und mal wieder typisch ›Mutter der Nation‹: Haargenau die Sorte Briefe zu schreiben, die Kinder von ihren überforderten Eltern gern bekommen.

13 Ein Schallplattenvertrag

14 Ja.

15 Auch dieses stimmt.

16 Er will, daß das noch nicht mal verlegte Buch von Robert Engel auf den Index gesetzt wird.

17 Briefe von Herren, die auf Helgas Kontaktannonce ohne Foto geantwortet haben.

18 Leider niemand ... aber die Idee ist nicht schlecht, oder?

19 Tanja Schildknecht

20 An dem Haus Lindenstraße 1

23 Sternschnuppen – Sternchen, die vorüberzogen

Wir neigen uns langsam dem Ende entgegen. Die Nacht bricht herein. Viele Sterne strahlen und erstrahlten schon am Lindenstraßen-Erinnerungsfirmament. Doch was ist mit den Sternschnuppen? Denen, die nur verhältnismäßig kurz einmal ihr Gesicht und schauspielerisches Vermögen zur Mattscheibe heraushängen lassen durften? Beziehungsweise so schlau waren, sich möglichst schnell wieder aus dieser unendlichen Geschichte zu verabschieden? Diesen Meteoriten in unserem geliebten Himmel sei dieses Kapitel gewidmet. Ihnen, die wir wirklich gern haben.

1 Wer sind eigentlich Rolf & Bolle?

2 Und wohin gehören Hilmar & Guntram?

3 Von der Geburt an hieß er Kurt. Wer?

4 In welcher Stadt wohnt Amelies Neffe, der die Statik für Huberts Windkraftrad geliefert hat?

5 Wie heißt Dr. Pauli mit Vornamen? Schnell!

6 Und wie hieß noch Timo Zenkers ›Discomäuschen‹?

7 Isolde Pavarottis 1. Plattenproduzent hieß?

8 Wie heißt der Sohn der Klings mit Vornamen?

9 Und wie der Sohn von Philo Bennarsch?

10 Eine Urlaubsbekanntschaft von Helga Beimer hieß ›Herr Lösch‹, aber was war ›Herr Lösch‹ noch von Beruf und woher?

11 Aber wer in aller Welt ist denn Dieter?

1 Hajos Kumpels

2 Zu Onkel Franz' Wohnzimmer-Treffen

3 Der langauswärtige Ehemann von Frau Dr. Eva-Maria Sperling

4 In Husum. Und wo arbeitet er dort? ... Im Stadtbauamt. Aha!

5 Manfred

6 Simone Fitz

7 Stenzel

8 Olaf

9 Paul

10 Herr Lösch war und ist vielleicht immer noch ›Ein Textilfabrikant aus dem Bergischen‹.

11 Claudia Rantzows Bruder in Borna.

12 Was gibt es eigentlich über Wolf Drewitz so zu sagen?

13 Wer ist Knut Magirus?

14 Richard. Welcher unschöne Typ kann sich dieses schönen Vornamens rühmen?

15 Er hatte nur einen einzigen Auftritt in der Lindenstraße, und zwar in Folge 41, doch dafür im Flirt mit Tanja. Wer?

16 Und der Makler von Familie Beimers vermaledeitem Hauskauf-Versuch hieß noch wie?

17 Wer wird auf der Straße von Carsten Flöter aufgelesen, von Dr. Pauli untersucht und – kaum ist er wieder auf den Beinen – ins Bein geschossen?

18 Als Helga anläßlich einer Mieterhöhung wg. einer Küchenschabe in der Badewanne dramatisch in Ohnmacht fällt, steht er angenehm ungerührt dabei, dieser Handlanger der Hausverwaltung namens . . . ?

19 Wie heißt die Frau, die Vasily nach dem Willen seiner Eltern eigentlich heiraten sollte?

20 Letzen Endes: ›Birnchen‹ war wer, was und kam weswegen nie wieder?

12 Daß er Chris Barnsteg ein miserabler Freund und ansonsten ein noch schlechterer Musiker war.

13 Der TV-Produzent von Isoldes Talk-Show von Frauen für Frauen über Frauen.

14 Rechtsanwalt Dr. Richard Kirch

15 Der Sohn des Concordia-Tennisclubpräsidenten

16 Herr Panofski

17 Ein gewisser zwölfjähriger Michael von einem bestimmten Franz Wittich

18 Herr Hülsch

19 Daphne

20 ›Birnchen‹ war Gloria Birnbaum, die frühere RA-Gehilfin von Dr. Kirch, und sie kam nach einem Knöchelbruch einfach nicht wieder.

24 Kuriosa – Seltsames bis Unbegreifliches

Vorletzte Runde! Begeben wir uns endgültig ins Abseitige, in die Kleinigkeiten, die hirnsträubenden Nichtigkeiten, in das wahre Chaos: Ewiges Rätsel Lindenstraße! Denn das größte Geheimnis in der Lindenstraße ist doch seltsamerweise nicht, warum diese bisher rund vierhundert Folgen überhaupt gesendet wurden, die allergrößte Frage für einen Lindenstraßen-Fan bleibt doch: »Warum haben wir diesen ganzen herrlichen, haarsträubenden Quatsch überhaupt weggekuckt?« Antwort: Wegen des herrlich haarsträubenden Quatsches natürlich ...

1 Welcher Hohlkopf in der Lindenstraße ist stolzer Besitzer eines wenigstens ausgestopften Wildschweinkopfs?

2 Wovor hatte Andy Zenker eigentlich so riesige Angst?

3 Wer oder was war das ›Brillenhähnchen‹?

4 Wer sprach den allerersten Satz in der Lindenstraße und welches waren die geheiligten Worte?

5 Wo sehen Rosi Kochs magische Karten Anna Ziegler, als diese verschollen war?

6 Was wurde an Benno Zimmermanns Grab intoniert?

7 Manche Menschen reden mit dem Fernseher, aber sie sprach wenigstens mit dem Foto ihres Gewesenen. Wer?

8 Grüne Haare? Wem passierte diese Geschmacksverwirrung wider Willen?

9 Eine Nacht durchtanzen? Wie oberflächlich. Aber eine ganze Nacht auf einem Friedhof verbringen, und das freiwillig? Wie heilig schon fast. Wer fühlte so unglaublich tief und platt zugleich?

Lösungen 24. Runde

1 Onkel Franz

2 Vor der Sterilisation

3 Eine ›Skulptur‹ von Zorro, heute im Originalbesitz des Husumer Fan-Clubs »Freunde der Lindenstraße«.

4 Egon Kling: »So, da wär' er!« Der Schlüssel zur Kronmayr-Wohnung nämlich.

5 In einem großen Land in Südamerika. Tja.

6 Der ›Beerdigungsjodler‹

7 Philo Bennarsch. Und was verspricht Sie ihrem Joschi? ... Ihn am Tag der Goldenen Hochzeit im Himmel zu besuchen.

8 Elisabeth Dressler; weil Frisöse Isolde Pannowak so verwirrt darüber ist, daß ihr Mann zurückkehrt.

9 Marion Beimer, in ihrer Religions-Phase mit Matthias Steinbrück.

10 Giftige Dämpfe aus einem neuen Teppichfußboden bringen wen zum Asthmaanfall?

11 Vor Freude über einen unerwarteten Gewinn gießt sie sich einen auf die Lampe und bricht - . . . nein, verrenkt sich leider nur bei einem Sturz Knöchel und Hals.

12 Weihnachten 1987, Folge 108: Bei Beimers hängt der Weihnachtsbaumfrieden schief. Barum?

13 Würmer im Salat – und das an Silvester! Eine anonyme Anzeige im Gewerbeaufsichtsamt wegen unhygienischer Küchenverhältnisse und die tatsächliche Schließung des ›Akropolis‹. Da kann und muß nur wer dran Schuld sein, glaubt Elena?

14 Als die WG eine Telefonrechnung nicht mehr bezahlen kann, geht sie welchen wertvollen Saft verkaufen?

15 ›Die herrliche Leichtigkeit des Lebens‹ ist das Lieblingsbuch von Berta Griese, der Titel der LS-Folge 144 oder eine Pharmamittelwerbung?

16 Die Liebe ist ein seltsames Spiel: Drei verwirrte Weiber verknallen sich in zwei Männer, die nur eines lieben, nämlich ihresgleichen. Na?

17 Wichtig! Wie hieß Gabi Zimmermanns Goldfisch?

18 Eine alte Dame hat ›böse Geister im Leib‹. Ein kleiner Junge betet darum, daß diese aus ihrem Körper wieder vertrieben werden. Wer?

19 Benny spielte . . . ? Schlagzeug, klar. Aber welche Farbe hatte eigentlich seine Krachmaschine?

20 Welchen sehr persönlichen Gegenstand wollte sich der unappetitliche Zorro von Carsten Flöters ›mal eben kurz‹ ausleihen?

10 Mäxchen

11 Else Kling

12 Benny hat einen Blastikweihnachtsbaum besorgt.

13 Beate

14 Blut; Benno, Gabi, Gung & Anna gingen spenden.

15 Der Titel von Folge 144

16 Berta Griese und Walze Zenker in Robert Engel, Chris Barnsteg in Carsten Flöter

17 Cyrill

18 Manoel machte Voodoo für Lydia Nolte

19 Das Schlagzeug war blau

20 Carstens Zahnbürste

25 Abspann – Die wirklich allerletzten Fragen

Tja, Schluß, aus, das war's! Beziehungsweise: Das war's natürlich noch lange nicht! Tausend offene Fragen müssen noch dringend geschlossen werden, und abertausend neue Fragen werden weiterhin Woche für Woche frisch geöffnet auf unsere Couchtische flattern. Solange es noch ein Leben gibt in der Lindenstraße, solange auch in diesem Buch! Kein Grund also zur Traurig-, sondern lieber zur Fleißigkeit: Alte & neue Fragen, die hier noch nicht drinstehen, aufschreiben, eintüten, einschicken... Wohin? Siehe weiter hinten. Denn jetzt erst mal: Siehe unten! Denn da lauern sie: Die letzten Fragen. Die Allerletzten? – Echt, versprochen, wirklich, großes Lindenstraßen-Ehrenwort: Die Allerallerletzten...

1 Auf welcher Seite trägt Momo Sperling seinen Ohrring?

2 Moritz Sperling, wie dieser ebenso hochverklemmte wie eingebildete junge Mann mit vollem Namen heißt, hat einen neben ihm extrem normal und vernünftig wirkenden Bruder. Und der heißt?

3 Ein Mann hat zum xten Mal den Sekt gekocht und liebevoll das Abendessen kaltgestellt, doch seine Angebetete hat mal wieder einen wichtigeren Termin. Da schlägt er endlich Ehe & Einrichtung zu Klump. Wer?

4 Was hat Hansemann Beimer seit Ende 1992 endlich neu?

5 Der befürchtete Virus in Helgas Reisebüro-Computer hörte auf den gefährlich Namen...?

6 Endlich: Enrico ist vogel- und isoldefrei! Seine voreiligen ›letzten Worte‹ unter italienischer Heimatsonne an die nachgereiste alternde Diva?

7 Anna Ziegler ging zähneknirschend mit dem miesen, fiesen Herrn Dabelstein ins beischlafknirschende Bett, um ihrem Hans wenigstens was zu besorgen?

Lösungen 25. Runde

1 Am linken Ohr

2 Phillip Sperling

3 Enrico Pavarotti, nach seiner Rückkehr nun endgültig der heißeste Anwärter auf den Lindenstraßen-Softi-Waschlappen Nr.1

4 Eine neue Brille

5 . . . Fu-Man-Chu.

6 »Ciao, Isolde.« – Toll. Wenn's dabei geblieben wäre.

7 Ein Zeugnis . . . und neue Sorgen

8 »Freche Sau-Fratzen, freche!« – Ausnahmsweise hat Else Kling mal recht, wenn sie damit welche zwei dummdoofdreisten Jungverliebten meint?

9 Job weg, Zukunft weg – alles wegen der Ehemaligen. Wer erkennt sich selbst in der Not endlich als das, was er ist, war und immer sein wird, nämlich »ein gutmütiger Trottel«?

10 Gern hätte Single Franz Wittich, daß es mal wieder in seinem Bett so richtig knirscht, statt dessen mußte er dieses andere angebliche »ständige Knirschen« mitanhören. Von was?

11 Der Anfang vom Ende: Die Lindenstraße beugt sich dem Volksvotum: »Mehr Sex!« fordern die Dumpfbacken am Zuschauertelefon. Zufällig kommt gerade ein seit Jahren erotisch ausgehungerter Ehemann nach Hause in die Lindenstraße und zippelt seiner ebenfalls fast sexuell verdörrten Frau minutenlang derart am Rockreißverschluß herum, daß einem beim Mitansehen übel werden möchte vor Pein. Wer bei wem?

12 Olaf Kling baggert Claudia Rantzow an. Das gibt der Gestreßten Kraft, und sie sagt dem Quoten-Behinderten Christoph Bogner endlich, was Benny und wir alle ihm auch schon immer mal sagen wollten. Na?

13 Bevor Momo Sperling beim Petting Iffi Zenkers ›Mumu‹ finden kann, kommt jemand dazwischen und verhindert Iffis Defloration im dämmrigen Wohnwagen von Zorro. Wer?

14 Erich Schiller pflegt nicht nur seinen Bart, er pflegt im Urlaub auch noch ein feuchtes Hobby. Welches?

15 Kaum zurück aus dem Urlaub, spielt Erich Schiller sich in der Beimerschen Wohnung endgültig als Männchen auf und schreit Helgas blutsverwandten und blutbesoffenen Onkel Franz an und aus der Tür. Welches Wort mit vier Buchstaben?

8 Momo & Iffi

9 Hans Beimer

10 Vom ehemaligen Koch'schen Windrad.

11 Kurt bei Eva-Maria Sperling

12 Daß auch ein wohlmeinender Mensch keinen Bock auf eine notorisch nörgelnde Nervensäge auf Rädern hat.

13 Else Kling, die Hüterin der Jungfernhäutchen

14 Angeln. In Irland will er »Solche Lachse!« gefangen haben. In Wirklichkeit hat Helga abends natürlich immer nur einen ›Lachs‹ mit zarter Hand zubereitet: den Schiller'schen.

15 »Raus!«

16 »Du wirst machen, was Reiner Dir sagt! Und außerdem hast Du geschworen!« zischt welcher Verführer welchem Verführten ins Gesicht?

17 Matthias Steinbrück, jene zweibeinige Betroffenheits-Parodie, verlangt von Asylantenheim-Abfackler Klaus Beimer etwas, was fast noch naiver und weltfremder ist, als Asylantenheime anzuzünden. Was?

18 Klaus Beimer muß seine erste praktische Einsatzprüfung für den braunen Mob machen. Für welche briefliche Heldentat darf er sich den ersten Scheiß-Orden anheften?

19 »Mein armer Schatz, hast Du sehr unter mir leiden müssen?« hauchte Berta Griese im Pharmapillen-Glücksrausch ihrem Hajo ins Gesicht. Wie lautete seine Antwort?

20 Letzte Worte: »Sie sollten auch mal angeln gehen! Das ist so ein herrlich beruhigender Sport!« Und haargenau die Sorte flachgetrampelter Superallgemeinplätze, für die man ihr überraschungsfreies Jederfrau-Gequatsche fast schon liebt. Wessen?

21 Ach, schon der Abspann! Ja, kenn' wir: Erst der Motorroller, der »Näääääiiing! ...« durchs Bild fährt, und dann das Fahrrad »Klingling! ...« – schon klar. Aber wer fährt von links nach rechts und wer umgekehrt?

22 Die allerallerallerletzte Frage: Amerikanische Forscher haben herausgefunden, daß die Titelmusik der ›Lindenstraße‹ deshalb so beliebt ist, weil sie heiter wie das bekannte Liedchen »Flipper ist uuuun-ser be-hes-ter Freuuuund« beginnt, dann mundharmonika-dramatisch kurz zu »Spiel mir das Lied vom Tod« hinüberschwenkt, um nach dem überleitenden Vespa-Knattern besinnlich mit den letzten Takten der deutschen Nationalhymne auszuklingen. Stimmt? Oder stimmt nicht?

16 Oliver Klatt Klaus Beimer. Und für Schwurbruch gibt es Armbruch.

17 Sein ›Ehrenwort‹, so etwas nie-nie wieder zu tun

18 Er steckt Urzula einen Zettel mit den aufgeklebten Buchstaben »Polenhure, verpiss dich!« in den Briefkasten.

19 Der feine Hajo sagt nur »Nein.« Denken aber tut er: »Nein, auf Dir. Und immer noch.«

20 Helga Beimer, genannt ›La Beimer‹.

21 Die Vespa fährt von links nach rechts durchs Bild, das Fahrrad umgekehrt.

22 Alleralleralllerletzte Antwort: ›Amerikanische Forscher haben herausgefunden‹ stimmt natürlich nicht. Aber der Rest stimmt schon irgendwie, hm?

Wie? ... Ach so: Die 501ste Frage. Klar: »Warum ist Helga Beimer so schön?« (*Weil sie als Kind in ein Faß mit Zaubertra- ... äh: Hormocenta gefallen ist. Und seitdem immer faltenlos gut drauf. Deshalb.*)

»WER MACHT'S?«

Leser-Aufruf zum Mitmachen

Liebe Leserin, lieber Leser.
Erstens: Natürlich haben wir in diesem Buch Fehler gemacht. Natürlich hast Du auch schon welche gefunden. Das war klar: Trotz sorgfältigster Überprüfung werden schon in diesem Moment einige Besserwisser herumsitzen und mäkeln. Okay! Vollkommen zu Recht wahrscheinlich sogar! Aber warum dann nur sitzen & mäkeln? ...

Zweitens: Natürlich sind trotz allem Vorherigen noch furchtbar viele hochinteressante Fragen offen: Wie lautete der Titel von Isoldes 1. Single? Und wie hieß die zweite? Was bedeutet eigentlich ›AGORA‹? Allgemeine Gleinkunst Offenbarungs- und Rheinwein-Abfüllstation? Wie hieß eigentlich der angeblich so irre Roman von Engelchens Robert? Gab es wirklich nie eine Katze als Haustier in der Lindenstraße? Ist der 200er Mercedes von Erich Schiller eigentlich ein Benziner oder ein Diesel? ... Wir müssen gestehen: Wir wissen es nicht. Aber irgend jemand weiß es!

Drittens: Darum also nicht Herumsitzen und Mäkeln, sondern Aufstehen und Machen. Bei Lust und Laune Fehlerhinweise, Korrekturen, Verbesserungsvorschläge oder gar neue alte oder neue neue Fragen aufschreiben, eintüten, zukleben, eine Mark für die gute Sache spendieren und einschicken an:

Eichborn Verlag
Kaiserstraße 66
D-60329 Frankfurt/M.
Abt.: Lindenstraßen-Quizbuch

Und abwarten. Wer weiß: Wenn dieses Buch einmal alle ist, gibt's dann ein neues, dickeres, aktuelleres und – ganz, ganz großes Lindenstraßenquizbuchehrenwort! – noch schlimmeres.

Wär' das nix?

In diesem Sinne:

Die Verfasser

»WER WAR'S?«

Biographische Notizen

BERND BIERMANN, lebt relativ wenig sichtbehindert in Osterhever (Nordsee) als altgebackener, glücklicher Familienvater. Bisheriger Lindenstraßen-Höhepunkt: *»Das bisher größte offizielle ›Lindenstraßen-Festival‹ in Husum veranstaltet, dabei die meisten Lindensträßler persönlich kennengelernt zu haben und nun zu wissen, was ich schon immer ahnte: Man braucht sie nicht kennenzulernen. Man kennt sie schon.«* – In seiner knapp bemessenen Freizeit ist Bernd Biermann Leiter des ›Haus der Jugend‹, Husum.

LARS SCHRUWE-WULFF, lebt relativ marmeladenfrei und als frischgebackener, glücklicher Familienvater in Bad Schwartau (Ostsee). Bisheriger Lindenstraßen-Höhepunkt: *»Mit meiner Kollegin Johanna bei Gottschalks ›Wetten, daß . . .‹ als Lindenstraßen-Profi angetreten, nix gewußt und trotzdem Wettkönig geworden zu sein. Und dann natürlich ab in die Arme von Mutter Beimer. Das soll mir erstmal keiner nachmachen!«* – In seiner ultraknapp bemessenen Freizeit ist Lars Schruwe-Wulff Diakon in Lübeck.

RICHARD KÄHLER, ›Mutter Beimer‹-Spezialist aus Notwehr und in seiner nichtvorhandenen Freizeit Buch- und Fernseh-Autor sowie Kolumnist für ›Titanic‹, und ›Stern‹ und ›Die Woche‹. Bisheriger Lindenstraßen-Höhepunkt: *»Die Bild-Schlagzeile ›Mutter Beimer beleidigt!‹, einen Schreinemakers-Auftritt mit ihr zusammen abgelehnt und die komplette Wiederholung ihrer tragischen Paris-Bettgeschichte in einer der nächsten Lindenstraßen-Folgen bewirkt zu haben.«* – Richard Kähler lebt relativ stinknormal glücklich mit seiner Familie in Hamburg (Elbe).

Der Song zum Buch

Lindenstraße 3
Text u. Melodie: AUSGESORGT DUO

Ich wohne in der Lindenstraße 3,
neben mir die Beimers und unter mir ist frei.
Morgens hol ich meine Brötchen vom Café Bayer
und höre dort von Else Kling immer die gleiche Leier:

Refrain:
Am Sonntag ist Sperrtag, da gibt's keinen Termin,
da sitz ich vor'm TV, muß die Lindenstraße seh'n.
Und guckst du auf die Straße, da ist keiner weit und breit:
Am Sonntag ist Lindenstraße-Zeit!

Taxi fahr ich nur mit Andy Zenker,
und manchmal nimmt mich Iffi mit, auf ihrem Fahrradlenker.
Mittags gab es bei Enrico Spaghetti Bolognese,
und Dr. Dressler sorgt dafür, daß ich ganz schnell genese, denn

Refr.: Am Sonntag . . .

Bei Berta Griese kann ich das Klavierspielen lernen,
und ich könnte stundenlang für Helga Beimer schwärmen . . .
Abends im Akropolis lausch ich schönen Klängen,
und esse gerne Gyros in riesengroßen Mengen, denn

Refr.: Am Sonntag . . .

Unten auf dem Hof hör ich Zorro klappern,
seh' das Solarmobil um die Ecke rattern.
Nachts im Hotel März besuche ich Hans Beimer,
daß Helga leise weint, merkt natürlich keiner, denn

Und jetzt alle!: Am Sonntag . . .

Erschienen im Ausgesorgt-Verlag auf »Young Star Music-Label« auf der LP »2250 Husum«

Haben wollen? Briefumschlag mit 10 Mark an:
›Haus der Jugend‹
Hermann Tast-Str. 6-9
25813 Husum
Stichwort: ›Platte haben‹

ISBN 3-8218-2370-4 5,– DM